課税の契機としての財産移転

住永 佳奈 著

成文堂

はしがき

　本書は，米国の所得課税において，取引におけるどのような契機や特色が，財産の含み損益へ課税する根拠となっているか，すなわち，取引の性質が課税のあり方へ及ぼす影響を考察するものである。本書は，具体的な取引類型における課税を検討して，取引が行われた時に財産の含み損益へ課税することが適切かどうかを考えるにあたっては，納税者と財産との関係が変化したかどうかが問題とされることを示す。本書のタイトルで用いた「移転」という用語は，「譲渡」などの法令における用語や，私法上の契約形式にかかわらず，納税者と，納税者が所有する財産との関係の変化をひろく含むものを意図している。

　検討対象として，本書は wash sale（洗替売買），株式貸借（stock loan），ボックス空売り（short sale against the box）の3種類の取引を取り上げる。これら取引は，財産の私法上の譲渡があるが，譲渡に基因する財産の含み損益に対する課税が生じない，あるいは，財産の私法上の譲渡がないが，譲渡に基因する財産の含み損益に対する課税に相当する税負担が生じるという点で，一般的な課税とは異なると考えられる。これら取引それぞれにおいて，取引のどのような性質やあり方が課税の決め手とされているかを探究することによって，財産の含み損益についての課税の契機の基礎にある考え方を明らかにすることを目指した。

　財産が納税者の所有を離れることと課税とでずれが生じる取引の検討は，いわば実現主義の限界の検討であるといえる。実現主義は，所得とは何かを論じるにあたり，包括的所得概念，すなわち発生したすべての純資産増加を所得であるとする考え方を修正して，保有する資産の価格変動に基因する所得への課税には，実現すなわち権利の保有者の交替が必要であるとする考え方である。実現主義の限界は，課税されるべき所得の内容はどのようなもの

か（所得概念），どのような課税方法が税負担の適切な分配に資するか（課税の公平）といった，所得課税の本質論から，納税者が税を負担できるか，負担する力の指標を何に求めるか（担税力），税の徴収が実際に可能か，可能として税収に見合うか（執行可能性）など課税技術的な側面まで，多様な論点を含む。これまで譲渡が基準と考えられてきた，財産の含み損益へ課税する契機の再考を促す本研究は，所得課税全般に関わる普遍的な問題の提起につながり，また，デリバティブをはじめとする先端的な取引の考察の基盤となる。本書が所得課税の基礎にある「所得とは何か」という難題へ向き合うための一助となることを願っている。

本書は，2018年1月に京都大学へ提出した博士学位論文「課税の契機としての財産の移転についての一考察」を基礎とし，博士学位論文提出後に行われた法改正および提出後に接した文献等から得た知見を盛り込んで，加筆・修正を行ったものである。なお，本書の各部の初出は下記のとおりである。

第一部：「売却と再取得で生じる利得についての覚書」京都大学法學論叢181巻4号51頁（2017年）

第二部：「株式〈貸借〉と譲渡についての一考察」税法学574号117頁（2015年）

第三部：「内国歳入法典1259条と課税における譲渡についての一考察」第40回日税研究賞入選論文集9頁（2017年）

本書の刊行に至るまでに，多くの先生方にお世話になった。まず，京都大学大学院入学から今に至るまで，手厚いご指導と叱咤激励を賜っている岡村忠生先生（京都大学教授）に，心より感謝申し上げたい。大学院入学時に岡村先生からいただいた所得概念というテーマの虜になったことで，私は租税法の研究を続けている。また，岡村先生の研究に対する妥協なき姿勢は，私の何よりのお手本となっている。岡村先生から受けた学恩に報いることのできるよう，より一層の研究を積み重ねていきたい。

髙木光先生（京都大学教授），仲野武志先生（京都大学教授）には，博士論文審査の際に，所得課税の本質に関わる大変深いご示唆をいただいた。厚く

御礼申し上げる。

　渡辺徹也先生（早稲田大学教授），髙橋祐介先生（名古屋大学教授），酒井貴子先生（大阪府立大学教授），小塚真啓先生（岡山大学准教授），田中晶国先生（九州大学准教授），橋本彩先生（信州大学講師），山田麻未先生（名古屋経済大学准教授）には，常々親身に面倒をみていただき，様々なアドバイスや勉強の機会をいただいている。素晴らしい先輩方に恵まれたことを心より感謝申し上げる。

　最後に，いつも私を温かく見守り，愛情と安らぎをもたらしてくれる家族へ，感謝を捧げたい。

　本書の出版にあたっては，株式会社成文堂社長の阿部成一氏および同社編集部の飯村晃弘氏に，格別のご配慮を賜った。ここに厚く御礼申し上げる。本書は，平成30年度京都大学総長裁量経費として採択された法学研究科若手研究者出版助成事業による補助を受けた。

目　次

はしがき …………………………………………………………… *i*

問題の所在 ………………………………………………………… *1*

第一部　Wash sale ……………………………………………… *7*
Ⅰ　問題意識 …………………………………………………… *7*
Ⅱ　I.R.C.§1091の立法趣旨 ……………………………………… *11*
　　1　規定内容 ……………………………………………………… *12*
　　2　立法趣旨 ……………………………………………………… *12*
Ⅲ　裁判例―― common law wash sale …………………… *15*
　　1　*Valley Waste Mills* 判決 …………………………………… *17*
　　2　*Harriss* 判決 ………………………………………………… *19*
　　3　*Corn Products Refining Company* 判決 ………………… *22*
Ⅳ　考　察 ……………………………………………………… *25*
　　1　交換取引における「投資の継続性」との対比 …………… *26*
　　2　利得の利用可能性 …………………………………………… *31*
　　3　取引の独立性 ………………………………………………… *37*
Ⅴ　第一部小括 ………………………………………………… *39*
　　1　従前の規定内容 ……………………………………………… *41*
　　2　改正理由 ……………………………………………………… *42*
　　3　改正後の規定内容 …………………………………………… *42*

第二部　株式貸借 ……………………………………………… *43*
Ⅰ　問題意識 …………………………………………………… *43*

- Ⅱ 日本の実務上の取扱い …………………………………………………45
- Ⅲ I.R.C.§1058の立法趣旨 …………………………………………………46
  - 1 *Provost* 判決 ……………………………………………………47
  - 2 制定前の状況 ………………………………………………………52
  - 3 立法趣旨 ……………………………………………………………54
  - 4 規定内容 ……………………………………………………………55
  - 5 要件をみたさない取引の取扱い ………………………………58
- Ⅳ 日本への示唆 ………………………………………………………………59
  - 1 株式貸借 ……………………………………………………………59
  - 2 レポ取引 ……………………………………………………………60
- Ⅴ 第二部小括 …………………………………………………………………64

第三部 ボックス取引 ……………………………………………65

- Ⅰ 問題意識 ……………………………………………………………………65
- Ⅱ I.R.C.§1259の立法趣旨 …………………………………………………67
  - 1 ボックス空売りの課税 ……………………………………………67
  - 2 規定内容 ……………………………………………………………71
  - 3 課税のタイミングの変化 …………………………………………74
  - 4 実現主義における位置づけ ………………………………………75
- Ⅲ I.R.C.§1259と判例法 …………………………………………………80
  - 1 VPFC …………………………………………………………………80
  - 2 *Anschutz* 事件の概要 ………………………………………………81
  - 3 損失を被るリスクと利得を得る機会 ……………………………88
  - 4 Tax ownership との交錯 …………………………………………95
  - 5 契約内容の変更と交換課税 ………………………………………100
- Ⅳ 第三部小括 …………………………………………………………………103

おわりに	……………………………………………………105
事項索引	……………………………………………………109
主要米国判例一覧	…………………………………………110

問題の所在

　本書の目的は、米国の所得課税において、財産の含み損益に関する課税の契機となる財産の移転がいかなる場合に生じるかを考察することによって、取引におけるどのような要素が財産の含み損益へ課税する契機とされているかを探究することである。

　財産の含み損益への課税について、日本では、たとえば所得税法33条が、「譲渡所得とは、資産の譲渡[...]による所得をいう」と定める。したがって、法は資産の譲渡があれば課税をすると明確に規定しているといえる[1]。「譲渡」は、法令に定義がおかれていない。学説では、譲渡は「有償であると無償であるとを問わず所有権その他の権利の移転を広く含む観念[2]」や、「資産の権利者の交替[3]」として定義されてきた。

　権利の移転[4]や権利者の交替[5]という意味での譲渡はあるが、その譲渡の時が課税時期として適切でないと考えられる取引については、譲渡がなかったものとみなして、課税を行わない、という枠組みで対応がなされてきた。たとえば、特定の要件をみたす譲渡担保について、所得税基本通達33-2は譲渡をなかったものとし、課税を行わないことを述べる[6]。

---

1) 岡村忠生・酒井貴子・田中晶国『租税法』（有斐閣、2017年）100頁（岡村執筆部分）参照。
2) 金子宏『租税法［第21版］』（弘文堂、2016年）241頁参照。
3) 岡村ほか・前掲注（1）90頁（岡村執筆部分）参照。「実現主義で鍵となる譲渡は、原則として所有権の移転である」とする。同書99頁参照。
4) 前掲注（2）参照。
5) 前掲注（3）参照。
6) 所得税基本通達33-2に記載されている要件は、（1）当該担保に係る資産を債務者が従来どおり使用収益すること、（2）通常支払うと認められる当該債務に係る利子またはこれに相当する使用料の支払に関する定めがあること、の2点である。また、同通達では、注として、形式上、買戻条件付譲渡または再売買の予約とされているものであっても、これら2要件を具備しているものは、譲渡担保に該当することが明記されている。この要件がみたされない場合は譲渡とされる、すなわち、譲り渡された資産の含み

2 問題の所在

　しかし，譲渡が前述のように権利の移転や権利者の交替を意味するのであれば，その意味での譲渡は疑いなく生じているのであって，その譲渡が課税時期として適切かどうかは課税の側の問題であると考えること，さらに一歩進んで，前述の意味での譲渡がないとしても，譲渡の特徴である財産とその所有者との関係の変化が生じる場合には，その関係の変化を課税の契機とすることはできないだろうか。つまり，ある財産とその所有者との関係の変化が生じるとき，その移転が生じる取引の性質を分析して，課税の有無を判断するという手法をとることはできないだろうか。この考え方をとることができるとすると，私法上の譲渡に基づくのではなく，個々の取引の性質および態様が，財産とその所有者にどのような関係の変化をもたらすかに基づいて，課税すべきかどうかが判断されることとなろう。

　翻って，米国においては，内国歳入法典1001条（a）[7]（以下では「I.R.C.§1001（a）」のように記す）が，財産の売買その他の処分（the sale or other disposition of property）から生じる利得または損失は，その処分から実現（realize）される金額と，利得または損失を算定する目的でI.R.C.§1011が定める調整取得価額との差額であると定める。また，I.R.C.§1001（c）は，別段の定めのない限り，I.R.C.§1001に基づいて算定される財産の売買または交換に係る利得または損失の金額全体が認識（recognize）されると定める。しかし，「売買その他の処分」，とりわけ処分（disposition）[8]がどのようなことを指すのかは，必ずしも明らかではないと考えられる[9]。米国において

　　損益へ課税が行われるものと思われる。岡村ほか・前掲注（1）99-100頁（岡村執筆部分）参照。また，法においても，特定の固定資産の交換（所得税法58条）など，譲渡がなかったものとみなす取引を個別に定めるという方法がとられている。

7）　I.R.C.§1001（a）。条文は，特に断りのない限り，1986年内国歳入法典（Internal Revenue Code of 1986）のものである。

8）　Dispositionは，あるものを他者の管理または占有（care or possession）へ移転する行為であると説明される。*Disposition Definition*, BLACK'S LAW DICTIONARY（9 th ed. 2009），*available at* Westlaw Online．なお，dispositionに処分という訳語を当てることについては，田中英夫編集代表『英米法辞典（第17刷）』（東京大学出版会，2012年）261頁に拠った。

9）　Boris I. Bittker & Lawrence Lokken, FEDERAL TAXATION OF INCOME, ESTATES AND GIFTS, ¶ 40.1 (2017), *available at* Westlaw FTXIEGでは，ある取引が財産の売買その

も，財産の含み損益の課税上の契機が法令からは明確にならない[10]という点で，同様の問題状況があるといえる。

　米国の所得税法は，日本の所得税法の母法である。米国では，制定法が取引ごとに個別に定められるなど立法上の蓄積があり，また，裁判例の蓄積もあることから，本書では，米国で財産の処分すなわち課税の契機が生じるかどうかが問題となった具体的な取引を取り上げて，どのような場合が課税の契機であると判断されたか，考慮要素はどのようなものであったかを論じる。

　以下では，米国の法令および裁判例を参照して，財産の移転があるが取引全体を通して見れば移転がないのと同様の状況が生じる取引について，その移転を課税の契機とすべきかどうか，また，財産の（私法上の）移転はないが移転と同視しうる状況を納税者にもたらす取引について，その移転を課税の契機とすべきかどうかが問題となった個別の取引における議論を紹介し，米国の税法で課税の機会と考えられているのはどのような場合かを考察する。

　具体的な取引として，本稿では wash sale（洗替売買），株式貸借（stock loan），ボックス空売り（short sale against the box）を取り上げる。はしがきで述べたとおり，これら取引は，財産の私法上[11]の譲渡があるが，譲渡に基

　他の処分であるかどうかを決定するにあたり裁判所が考慮してきた様々な要素として，Upham v. C.I.R., 923 F.2d 1328（8 th Cir. 1991）における（1）法的権原が移転するか，（2）両当事者がその取引を取り扱う方法，（3）財産の買い手がその財産における何らかのエクイティを取得したかどうか，（4）買い手がその財産に何らかの支配を及ぼしているか，及ぼしているとして，その支配の程度，（5）買い手が財産に関する損失や損害のリスクを負うか，（6）買い手は財産の使用または処分から何らかの便益（benefit）を得ると思われる（will）か，の6点が挙げられている。また，tax ownership の移転に関して，本書第三部Ⅲ 4 参照。

10) Jeffrey L. Kwall, *When Should Asset Appreciation Be Taxed?: The Case for a Disposition Standard of Realization*, 86 IND. L. J. 77（2011）は，時価主義（mark-to-market system）のセカンド・ベストな代案として，実現について「処分」基準（"disposition" standard）を採用することを提案する。この基準に基づけば，移転した財産の対価を移転者が受け取るかどうかにかかわらず，財産のあらゆる移転が実現の機会として取り扱われるであろうこと，また，現行法とは異なり，贈与および遺贈の時にも所得課税が行われるであろうことが特筆される。

11) 本書では，金融商品会計基準などの制度会計における基準は含めない。

4　問題の所在

因する財産の含み損益に対する課税が生じない，あるいは，財産の私法上の譲渡がないが，譲渡に基因する財産の含み損益に対する課税に相当する税負担が生じるという点で，一般的な課税とは異なる特色を有する。

　第一部で取り上げる wash sale は，納税者が自身の所有する財産を譲り渡し，同一の財産を取得する取引である。取引を全体としてみれば，納税者が財産を所有しているという意味で納税者と財産との関係は変わらない一方で，もともと所有していた財産の含み損益に相当する利得または損失（および財産の簿価の変化）が生じうることを，課税上どのように考えるべきだろうか。

　第二部で取り上げる株式貸借では，納税者が，自身が所有する株式を貸付けの時に移転し，返還の時には同種同量の株式の移転をうける。取引を全体としてみれば，納税者が株式を所有しているという意味で納税者と財産との関係は変わらないといいうる一方で，株式の貸付けと返還という2度の移転の課税上の意味は曖昧にされている。株式の貸付けと返還はそれぞれ課税の契機といえないだろうか。

　第三部で取り上げるボックス空売りは，納税者が，自身が所有する株式と同一の株式を借り入れて空売りを行うことによって，所有する株式の含み損益に等しい利得または損失の発生を確実なものとしうる取引である。所有する株式そのものの移転はないといえるならば，ボックス空売りは所有する株式の含み損益への課税の契機とならないが，これは妥当だろうか。

　これら取引についての課税理論を探究し，現行の課税上の取扱いとは異なる見方を提示することによって，譲渡所得課税が想定する，財産の含み損益へ課税する契機の意味内容をいっそう明らかにすることが期待される。これまで「譲渡」をメルクマールとすると考えられてきた，財産の含み損益へ課税する契機の問題は，所得課税全般に関わる普遍的な問題である[12]。

---

12)　財産の所有者の交替のうち，課税の契機となるものだけを法は「譲渡」というように思われる（その裏返しとして，課税の契機とすべきでないと考えられている取引（たとえば譲渡担保や株式貸借など）における財産の所有権の移転について，「譲渡がなかったものとみなす」という表現をしているのではないだろうか）。私法上の「譲り渡す」という意味での譲渡は確実にある一方で，（所得税法33条でいわれる「譲渡」が租税法

上の固有概念でないとすれば）譲渡がなかったものとみなすと表現することが，曖昧さの源ではないだろうか。

第一部　Wash sale

［前置］

An Act to provide for reconciliation pursuant to titles II and V of the concurrent resolution on the budget for fiscal year 2018（Tax Cuts and Jobs Act）により，I.R.C.§1031が改正され，その適用対象となる財産の範囲が従前より狭くなった。第一部を執筆・公表した時点では，Tax Cuts and Jobs Actは存在していなかったため，以下におけるI.R.C.§1031に関する部分で引用した文献は，改正前のI.R.C.§1031をもとに議論しているものであることをあらかじめお断りしたい。本改正については，脚注で適宜言及し，また，第一部の後に第一部補論を付けて概観することとする。

I　問題意識

ある納税者が，財産を譲り渡し（取引A），その直後に，その譲渡した財産とは別個であるが同種同量の財産を取得する（取引B）とする。一見したところでは，取引Aの前と取引Bの後で，納税者が財産を保有する状況に変化は生じていない。しかし，納税者には様々な課税関係が生じうる（あるいは，課税関係が生じないかもしれない）。

通常は，保有している財産を譲渡すると，その譲渡を契機として財産の含み損益が課税上実現[1]し，課税関係が生じる[2]。しかし，たとえば上記の取

---

[1]　税法における実現主義とは，外部との取引（資産については譲渡の事実）がない限り損益計上を認めない原則である。岡村忠生『法人税法講義［第3版］』（成文堂，2007

引例において，取引 A が納税者の保有する株式の売却，取引 B が売却したものと同種同数の株式の取得であるならば（wash sale，洗替[3]売買）[4]，取引 A で売却した株式に含み損がある場合には，納税者はその控除をすることができない[5]。

米国では，I.R.C.§1091により，株式または有価証券の譲渡により損失が実現され，特定の期間内に，譲渡したものと実質的に同一の有価証券が取得さ

年）57頁参照。また，「税法における実現は，資産に関して，保有期間中の価値増減を課税の対象とすべき適切な機会（課税適状）にあるかという観点から導かれた概念」であり，「具体的には，資産の価値増減を認識できる最後の機会としての譲渡の事実によって判断される」。同書60頁参照。なお，岡村は，譲渡は税法上の概念（固有概念）であり，私法上の所有権の移転はその典型とされて譲渡の概念に強い影響を与えていると述べたうえで，所有権の移転としての譲渡が課税時期（taxable event）として適切ではない場合の一例として wash sale を挙げている。同書60-61頁参照。また，消費貸借の場合は，一般に，目的物の所有権の移転はある一方で，課税は行われない。このような，課税が目的物の所有権の移転と必ずしも対応しないことの指摘と，譲渡（前述のように所得税法上の文言でもある）を課税のメルクマールとすることへの疑問の提起が本書全体の主題である。なお，消費貸借の一例である株式貸借の課税については，本書第二部参照。金銭消費貸借の課税については，中村芳昭・三木義一監修『典型契約の税法務──弁護士のための税法×税理士のための民法──』（日本加除出版株式会社，2018年）183-220頁（池田清貴・藤間大順執筆部分）参照。

2）　I.R.C.§1001.

3）　本書では，wash sale で生じる利得を論じるが，wash sale は，資産の簿価（basis）の問題でもある。資産の wash sale，すなわちある資産の譲渡により損失または利得が生じ，その後に譲渡したものと同一の資産を新たに取得することによって，資産の簿価が時価に更新されることを「値洗い」といい，「洗替」の語はこのことに由来する。資産の譲渡から生じる利得へ課税するということは，課税済みの分だけ簿価が上がる（逆に，もし損失が生じるとしたら，簿価が下がる）ということでもある。

4）　米国の wash sale について紹介する先行業績としては，たとえば金子宏「租税法と私法」租税法研究 6 号 1 頁（1978年）や，中里実「みなし譲渡と時価主義」日税研論集50号89頁（2002年），岡村忠生「租税回避研究の意義と発展」岡村忠生編『租税回避研究の展開と課題』（ミネルヴァ書房，2015年）299頁がある。これらでは，wash sale に関して，損失控除否認規定としての制定法が取り上げられている。それに対して，本書第一部の新規性は，wash sale で利得が生じる場合を検討対象とすること，および，そのような場合についての裁判例を取り扱うことにある。なお，本書第一部は wash sale から利得が生じる場合についての立法論を行うものではないことを，予めお断りしておきたい。立法論として，wash sale の考え方が損失のみならず利得までも含むようにすることを述べるものとしては，たとえば Alan L. Feld, *When Fungible Portfolio Assets Meet: A Problem of Tax Recognition*, 44 TAX LAWYER 409, 434 (1991) がある。

5）　I.R.C.§1091.

れる場合には，その損失の控除は認められない[6]。その一方で，同様の取引から利得が実現される場合には，特に定めがない[7]ことから，その利得は課税をうけると考えられている[8]。しかし，wash sale における損失控除の否認が実現主義に帰するのであれば，つまり，実現主義に基づけば wash sale の前後で同じ財産が保有され続けていると評価されるため損失は実現されておらず，したがって損失控除を認めるべきでないと考える[9]のであれば，ちょうど同様に，wash sale で利得が生じる場合も，同じ財産が保有され続けていると評価されることで利得の実現がなく，したがって課税されるべきでないといえるかもしれない[10]。このような，保有する財産を売却しながら，

---

6) I.R.C.§1091. I.R.C.§1091の規定内容については，本書第一部Ⅱ1参照。なお，制定法の射程に入る損出し wash sale（含み損がある財産を用いて行う（すなわち取引から損失が生じる）wash sale）について，制定法がなければ損失の控除は認められると考えることは可能かもしれない。法の制定以前に行われた損出し wash sale に基因する損失の控除を認めた裁判例として，Vauclain v. C.I.R., 16 B.T.A.1005（1929）がある。*Vauclain* 事件では，納税者が損失を生じさせることを目的として保有株式を市場で売却し，同数の株式を同日中に買い戻すという取引を行い，所得税申告書において売却で被った損失の控除を求めたことについて，本件の取引は，1921年歳入法（現在の I.R.C.§1091に相当する規定を有する。本書第一部Ⅱ2参照）の施行以前に行われたものであり，損失を生じさせる意図があっても，売却が真正であれば損失の控除は認められると判示された。納税者が同数の株式を購入し，取引終了時には取引開始時と同数の株式を所有していたという事実は，納税者の誠実さ（good faith）を損なわず，また，売買が有効かどうか（validity）に影響を及ぼさないとされた。

7) *See* Boris I. Bittker & Lawrence Lokken, FEDERAL TAXATION OF INCOME, ESTATES AND GIFTS, ¶44.8.1 (2017), *available at* Westlaw FTXIEG.

8) 岡村・前掲注（4）326頁参照。なお，含み益がある株式を用いて wash sale を行うことは，日本において珍しいことではなく，課税庁も了知していた。例えば，「個人が上場・店頭売買株式を売却するとともに直ちに再取得する場合の当該売却に係る源泉分離課税の適用について」（平成12年3月17日付官資3-2課法8-4課審4-5）と題する法令解釈通達において，上場株式または店頭売買株式を売却するとともに直ちに再取得する取引のうち，特定の取引所市場取引または店頭売買取引において行われるものは，有価証券の譲渡として源泉分離課税を選択することが認められていた。これに関しては，「平成13年3月末に源泉分離課税が廃止され，申告分離課税のみになることから取得価額が明らかでないと譲渡損益が算出できなくなるため，取得価額の明らかでない株式の取得価額を確定させることが必要」という事情があったとされる。「税のことば」国税速報平成12年8月3日（木）第5251号35頁参照。

9) 岡村・前掲注（4）327頁参照。

10) 岡村は，「もっとも，この説明［筆者注：実現主義に基づいて，同じ資産が保有され続けていると評価されるのであれば，損失は実現されていないのだから，損失控除は認

同時期に実質的に同一の財産を取得することは,譲渡や実現といえるか,課税時期として適切か[11]という疑問が生じる。

本書の第一部は,wash sale から損失が生じる場合と利得が生じる場合での取扱いの(非)対称性という問題意識[12]を基層として,利得が生じる wash sale[13]についての裁判例に基づき,取引前後で納税者の経済的な状況が変化しない,すなわち,同じ財産が保有され続けていると評価されうる[14]のはどのような場合かという観点から,財産の移転における課税の考察を深めるものである。以下,第一部で紹介する3件の裁判例(Valley Waste Mills 判決[15], Harriss 判決[16], Corn Products Refining Company 判決[17])は,いずれも,Smith 判決[18]において,制定法外の(nonstatutory)wash sale アプロ

めるべきでないと考えること]は,洗替売買により利益が出たときに課税があることを説明できない難点を持つ。」と述べる。岡村・前掲注(4)327頁参照。

11) 岡村・前掲注(4)327頁参照(wash sale に係る I.R.C.§1091の文脈での議論である)。
12) このことは,米国の著名なケースブックで紹介されている。See WILLIAM D. ANDREWS &PETER J. WIEDENBECK, BASIC FEDERAL INCOME TAXATION 291 (Wolters Kluwer, 7 th ed. 2015). 同書は, I.R.C.§1091 (a) および (d) の説明を行い,それら規定による取扱いをまとめて the wash sale rule と呼んだうえで,「それ[筆者注:the wash sale rule を指す]は,建前上の実現の機会 (a technical realization event) と,投資の基礎にあるリスクにおける実質的な変化 (a substantial change in the underlying risks of the investment) との間の違いについて,どのようなことを示しているか。また,the wash sale rule はなぜ利得には適用されないのか。」と問う。本書第一部で行う議論は後者の問いと関連性を有するが,制定法としての the wash sale rule を精査するものではなく,財産に対する納税者の投資の継続性という観点からのアプローチを試みるものであるため,この設問に正面から答えることはできない。ただし,後掲注(31)参照。
13) 利得が生じる wash sale の課税上の利用方法として,たとえば,当期に損失が生じている (current losses),あるいは純損失の繰越し (loss carryovers) がある場合に,値上がりした有価証券を売却して利得と損失を打ち消し合わせ (neutralize),さらに,その売却の直前または直後に同じ有価証券を取得して投資ポジションを永続させることによって,損失を新たに取得する有価証券の取得価額の増加分 (stepped-up basis) へ転換することが挙げられる。See Bittker & Lokken, supra note 7, ¶44.8.1.
14) 岡村・前掲注(4)327頁参照。前掲注(10)も参照。
15) Valley Waste Mills v. Page et al., 115 F.2d 466 (5 th Cir., 1940).
16) Harriss v. C.I.R., 143 F.2d 279 (2 nd Cir.,1944), aff'g 44 B.T.A. 999 (1941).
17) Corn Products Refining Company v. C.I.R., 215 F.2d 513 (2 nd Cir., 1954).
18) Smith v. Commissioner, 78 T.C. 350 (1982). 商品取引所で取引される銀先物のストラドル取引で生じた損失を課税上控除できるかが争われた事例である。なお,Smith 判

ーチを扱う先例として挙げられたものである。また，納税者と財産との関係が取引の前後で変わらないことを連接点として，同種財産の交換（like-kind exchanges）における納税者の投資の継続についての知見を併せて用いる[19]。

なお，一般には，含み損のある財産についてこのような取引が行われる場合を wash sale（洗替売買）という[20]ことに鑑みて，以下では，含み益がある財産を用いて行う（すなわち取引から利得が生じる）wash sale を「益出し wash sale」とし，含み損がある財産を用いて行う（すなわち取引から損失が生じる）wash sale を「損出し wash sale」とすることで，便宜上区別する。

II I.R.C.§1091の立法趣旨

前述のように，益出し wash sale について定める制定法または規則は存在せず，損出し wash sale について定める I.R.C.§1091は，益出し wash sale には及ばないと考えられる。それでもなお，その適用対象となる取引の画し方や立法趣旨は，損出し・益出しに関わらず，wash sale という取引のあり方一般に対して示唆をもつ。そこで，益出し wash sale に関する裁判例を検討する前に，I.R.C.§1091をごく簡単に検討しておきたい。

決は，Cottage Savings Association v. C.I.R., 499 U.S. 554（1991）の下級審判決である Cottage Savings Association v. C.I.R., 90 T.C. 372（1988）で長々と引用されている。Cottage Savings 事件は，価値が下落した担保貸付けの参加権（participation interest）を4つの貯蓄貸付組合へ売却し，同時に，同じ相手方が保有する担保貸付けの参加権を購入する場合に，売却から生じる損失を課税上控除できるかどうかが争われたもので，課税庁は，取引から納税者の経済的ポジションに有意味な変化はもたらされなかったとして，Smith 事件で行ったのと同様に，制定法外の wash sale 法理に基づき損失の控除は認められないと主張した。90 T.C. at 398. なお，Cottage Savings 事件を紹介し，財産の交換の文脈で論じるものとして，伊川正樹「譲渡所得課税における財産の交換——アメリカ合衆国連邦最高裁判所 Cottage Savings 判決を題材に——」名城法学52巻1号21頁（2002年）がある。Cottage Savings 事件については，本書60頁（第二部注（65））および本書76頁（第三部注（50））も参照。

19) ただし，交換に関する不認識（nonrecognition）を定めた I.R.C.§1031は，wash sale に関する不認識を定める I.R.C.§1091とは適用対象となる財産が大きく異なることに注意を要する。本書第一部IV 1 参照。

20) たとえば，金子・前掲注（4）25頁や，中里・前掲注（4）117頁参照。

1 規定内容

I.R.C.§1091 (a) は，株式または有価証券についての売買その他の譲渡（disposition）から生じたと納税者が主張するあらゆる損失について，かかる売買その他の譲渡の前30日に始まり後30日に終わる期間（計61日）に，納税者が，実質的に同一の株式または有価証券を取得した，あるいは実質的に同一の株式または有価証券を取得するための契約またはオプションを締結した場合は，その損失を I.R.C.§165に基づいて控除することを認めないと定める[21]。Wash sale で取得される実質的に同一の株式または有価証券について，その取得価額は，譲渡された株式または有価証券の取得価額に，譲渡時の価格と取得時の価格との差額を加減したものとされ[22]，その保有期間には，譲渡された株式または有価証券の保有期間が含まれる[23]。

2 立法趣旨

現在の I.R.C.§1091 (a) に相当する規定が制定法として初めて現れたのは，1921年歳入法においてである[24]。その基本的な構造は，ほぼ変わらず現在まで引き継がれている。1921年歳入法214条 (a)(5) は，その後半部分で，株式または有価証券[25]の売買その他の譲渡から生じたと納税者が主張するあらゆる損失について，かかる売買その他の譲渡の前または後30日以内に，納税者が実質的に同一の財産を取得した（遺贈または相続による場合を除く）とみられ，かつ，そのようにして取得された財産が，その売買または譲渡の後ご

---

21) I.R.C.§1091 (a). ただし，納税者が株式または有価証券のディーラーで，かつ，通常のディーラー業務の一環として行われる取引で損失が生じる場合については，本条の適用はない（損失の控除が認められる）。Treas. Reg. §1.1091-1 (a).
22) I.R.C.§1091 (d); Treas. Reg. §1.1091-2.
23) I.R.C.§1233 (4).
24) Revenue Act of 1921, P.L. 67-98, sec. 214 (a)(5), 42 Stat. 227.
25) 控除を否認される損失をもたらす財産が株式または有価証券に限定される理由は，明らかではない。なお，1921年歳入法234条 (a)(4) は，214条 (a)(5) に対応する wash sale の制限を法人に対して定めるものであり，その制定時に，連邦議会下院歳入委員会による法案ではすべての財産が適用対象となるとされていたものの，上院財政委員会による法案において，対象となる財産は株式または有価証券に限定された。*See* Seidman, SEIDMAN'S LEGISLATIVE HISTORY OF FEDERAL INCOME TAX LAWS 1938-1861（1 v. New York: Prentice-Hall, Inc., 1938）at 829-830, *available at* Hein Online.

く短期間でも (for any period) その納税者により保有される場合は，その損失の控除を認めないことを定めていた。

連邦議会が1921年歳入法214条 (a)(5) に損失の控除を制限する文言を追加した意図は，wash sale という手段を通じた脱税 (evasion) の防止であったとされる[26]。規定の趣旨について，下院では次のような説明がなされた。「214条は wash sales を防止するものである。例として，申告がなされる直前——たとえば1日かそこら前——に，ブローカーが100万ドルの価値がある株式を売り，10万ドルといった損失を申告する。申告書を提出した翌日に，ブローカーは自身の株式を買い戻す——そうすると，ブローカーは10万ドルの損失があると主張するだろう——このような wash sales を防止することを目的として，われわれは本規定を214条に挿入したのだ[27]。」

また，1924年歳入法の制定時の議論では，上院において，wash sale は含み損の切出し (registering off losses) と呼ばれるとされ[28]，その方法が次のように説明された。「[...] 毎年，年末になると，株式市場が軽い動乱状態に陥っているのがみられる。というのも，人々が損失を出すことのできる有価証券 (securities) をすべて貸金庫から出してきて売り，即時にその金銭［筆者注：有価証券を売って得た代金］を全く同じ，あるいはほとんど同じものへ注ぎ込むからだ。人々に本物の損失 (real loss) は何も生じないが，中味のない損失 (paper loss) があり，それを用いて課税所得を帳消しにする[29]。」

このように，法の制定過程からは，連邦議会は株式や有価証券の wash

---

26) H.R. Rep. No.67-350, at 11, *reprinted at* 1939-1 C.B. (PART 2) at 168, 177; S. Rep. No. 67-275, at 14-15, *reprinted at* 1939-1 C.B. (PART 2) at 168, 191.
27) Cong. Rec. Vol. 61 at 5203 (1921).
28) Cong. Rec. Vol. 65 at 7604 (1924).
29) *Id.* このような状況を説明するものとして，議会において Pennsylvania 州の Reed 議員は，471人の富裕な個人（1916年に所得が30万ドル以上あり，それに続く5年の各年に所得の申告を行った者）によって申告される所得の金額の総額が，1916年から1921年の間にどのように変化したかを表す図を示した。*Id.* at 7604-7605. 申告される所得の金額は1916年から1920年まで減少し続け，1921年には総額で4000万ドルの損失が申告されたが，Reed 議員の説明によれば，これは1921年に有価証券の相場が下落し，富裕な個人らが含み損の切出しを行ったためである。ただし，Reed 議員が自ら認めている通り，損失が生じた原因が何かは，その図からは明らかでない（たとえば牛の売買から生じたものかもしれない）。*Id.* at 7605.

sale から生じる損失の控除により課税所得が減少し，ひいては税収が減少することを懸念していたことがわかる。同様の取引から利得が生じる場合があり，それが税収減少につながりうること，すなわち，他の原因から生じた，利用可能性がないまま消えることになったかもしれない損失を用いて利得を減少させることによって，課税所得が減少し，ひいては税収が減少する可能性には，目が向けられていなかった。

その理由は，損出し wash sale という取引がもつ特性，つまり，①財産に対する納税者の利益（財産と納税者との結びつき）は変わらず，納税者は財産に対して取引の前後で値上がり・値下がりとも同じリスクにさらされていること，②課税上の損失は生じる（と納税者は主張する）こと，について，①でなく②に着目して，損失の課税上の意味や本質（real, paper といった言葉で表現される[30]）に基づいて控除を否認しようと試みた[31]からである[32]。この考え方からは，利得が生じる場合に着目する余地は生まれない。この考え

---

30) Id. at 7604. 前掲注（29）に係る本文も参照。
31) この分類を試みることで，前掲注（12）で示したケースブックの設問のうち，後半（なぜ利得には the wash sale rule の適用がないのか）について一応の解答が得られるかもしれない。非認識（non-recognition）とされる取引は，（1）投資の継続性があるもの（同種の資産の交換など，もとの投資が新たな投資に継続しており，形式は異なっても実質は同じであるため，利得または損失を最終的に確定する機会として不適切である場合），（2）課税するのが酷なもの（非自発的な転換（conversion）など，利得への課税が著しく厄介（onerous）であるため，いわば救済措置として非認識の取扱いがなされる場合），（3）租税回避スキーム（財産を見かけ上譲渡することで，実現主義を巧みに操作あるいは利用していると考えられる場合），に分類される。See Marvin A. Chirelstein and Lawrence Zelenak, FEDERAL INCOME TAXATION (14th ed.) (FOUNDATION PRESS, 2018) at 383-384.（1）は利得と損失に等しく適用されるが，（2）および（3）は，それぞれ利得と損失に適用が限定される。Id. この考え方を当てはめると，the wash sale rule は（3）に該当し（id.），wash sale の特性である①財産に対する納税者の利益は変わらず，納税者は財産に対して取引の前後で値上がり・値下がりとも同じリスクにさらされていること，②課税上の損失は生じる（と納税者は主張する）ことのうち，②を問題とする。「米国法での典型的な租税利益の制限」（岡村・前掲注（4）327頁参照）であるから，そもそも利得が生じる場合に適用する余地はないと考えることができる。これに対して，本書第一部は，利得が出る wash sale について①の観点から課税関係を考察する可能性を探るものである。これが Chirelstein の説明における（1）と同じであるかについては，本書第一部Ⅳ1で検討する。なお，同種財産の交換について非認識とする取扱いが与えられることの歴史的な正当化について述べるものとして，see Erik M. Jensen, *The Uneasy Justification For Special Treatment of Like-Kind*

方は，後で改めて展開する（本書第一部Ⅳ）。では，①，すなわち納税者と財産との結びつきに着目した主張に対して，裁判所はどのような判断を行うだろうか。

Ⅲ　裁判例――common law wash sale

　米国では，wash sale について，上述の I.R.C.§1091に関するさまざまな観点から議論され，裁判例が積み重ねられてきた。たとえば，商品取引所の会員権について損出し wash sale を行った事例（会員権は I.R.C.§1091（a）が定める「株式または有価証券」にあたるか）[33]や，夫婦の一方が市場で株式を売って損失を出し，もう一方が市場で同種の株式をできるだけ売値に近い価格で

Exchanges, 4 AM. J. TAX POLICY 193, 199 (1985). （投資の継続性，執行上の問題，損失の認識からの保護，経済的効率性の4つを挙げ，これらは時として重複すると述べる。）なお，益出し wash sale の場合は，納税者は①については損出し wash sale の場合と同様の主張を行い，②については簿価（basis）が時価になるとの主張を行うと考えられる。

32) 取引から生じる損失の控除を否認するが利得には課税する規定として，他に，たとえば I.R.C.§267（関連者間での財産の売買または交換により売り手に生じる損失の控除の否認）が挙げられる。I.R.C.§1091では新たに取得される株式で取得価額の調整が行われる（前掲注（22）およびそれに係る本文参照）ため，その株式を最終的に手放す際に，前段階で控除されなかった損失が課税上考慮される。その一方で，I.R.C.§267では，売り手のもとで控除を否認された損失は譲受人の基準価格（税務上の取得価額）に影響することがないため，損失は永久に否認されたままとなる。酒井貴子「関連者間取引における値下がり資産の課税上の取扱い――内国歳入法典267条に関する覚書――」税大ジャーナル23号15頁（2014年），17-18頁参照。I.R.C.§267と I.R.C.§1091の両方の適用がありうる場合は I.R.C.§1091に基づいて，財産の譲渡人は損失の認識を繰り延べ，譲受人は財産の取得時に支出した金額を取得価額とする。See Bittker & Lokken, supra note 7, ¶44.8.1.

33) Horne v. C.I.R., 5 T.C. 250 (1945). Horne 事件では，納税者は，ニューヨーク珈琲・砂糖取引所の会員権の損出し wash sale を行った。会員権は，株式でも有価証券でもないため，1939年内国歳入法典118条（現行の I.R.C.§1091）は適用されないと判示された。しかし，法の損失控除規定の根底には納税者が現実に被った経済的損害があり，損失控除が認められる前に，完了すると納税者が実質的な意味で貧しくなる何らかの取引が生じていなければならないところ，本件では計画前後で納税者の立場は変わらず，取引形式は売買でもその結果は納税者の会員権を別の会員の会員権と交換したのと同じであることから，112条（b）（1）（取引または事業で生産のために保有される財産と，同用途の同種財産との交換に係る損失控除の禁止）に基づいて損失控除が否認された。

同数購入した事例（夫婦がそれぞれで行った取引を一体として wash sale といえるか）[34]等がある。

以下では，益出し wash sale すなわち取引から利得が生じる場合の課税上の取扱いに着目して，裁判例を3件取り上げて詳述する。具体的には，商品先物取引[35]の契約上の地位を売買することによる益出し wash sale を論じた裁判例の検討を通じて，益出し wash sale で生じた利得の課税上の取扱いを裁判所がどのように考えてきたかを確認する。先物取引の契約上の地位は株式または有価証券ではなく，したがって，たとえ取引から損失が生じる場合であっても I.R.C.§1091の適用はない。それゆえ，商品先物取引契約の契約上の地位についての益出し wash sale，すなわち先物契約上の地位の売却および再投資から利得が生じる場合の課税を検討するときは，I.R.C.§1091 (a) の適用対象は取引から損失が生じる場合に限定されているから取引から利得が生じる場合には I.R.C.§1091の適用はない，という議論のみでは足りない。取引から損失が生じる場合と利得が生じる場合のいずれにせよ，wash sale という取引そのものの性質を考えることになる。

---

34) McWilliams C.I.R., 331 U.S. 694 (1947). 納税者らがこの取引を行った目的は課税上の損失を出すことであり，課税庁は，1939年内国歳入法典24条 (b)（現行の I.R.C.§267。規定の概要については前掲注（32）参照）に基づいてこの損失の控除を否認した。連邦最高裁判所は，1939年内国歳入法典24条 (b) について，グループ内での移転はたとえそれが法的に真正 (genuine) であっても経済的に真正な損失の実現となるとは通常は考えられず，それゆえ連邦議会はそのような移転が控除を認めるのに適切な機会であると考えなかった，と述べた。また，同条の目的は，家族内での移転その他の明示された方策を用いて，ほとんどの実際的な目的では不断に継続している投資について課税上の損失を実現するのに都合のよい時 (their own time) を選択する，という納税者の権利に決着をつけることであったと結論づけた。Wash sale に関連して，納税者は，連邦議会が市場を通した家族内移転に係る損失の控除の否認を本当に意図していたのであれば，wash sale の規定を改正して，売り手と買い手がまったく同一の個人である場合に加えて同一の家族の構成員同士である場合にも適用されるようにしたであろうことを主張したが，連邦最高裁判所は，それではただ一つの特定の方法を塞ぐ (bar) に過ぎず，包括的な対応策 (remedy) をとる必要性は残ったままだと述べるにとどまった。
35) 株式または有価証券を売却する先物契約 (securities futures contract to sell) については，I.R.C.§1091 (e) において，契約の手仕舞い時 (closing) に実現されるあらゆる損失に I.R.C.§1091 (a) と同様のルールが適用されることが定められた。P.L. 107-147, §412 (d) (2), 116 Stat. 21 (2002).

1 *Valley Waste Mills* 判決[36]

　本事件の事案は，以下のとおりである[37]。原告納税者である会社は，1933年1月1日に，将来引渡しをうける (for future delivery) 綿花10,500ベイルを購入した。それに先立って，会社の役員会は，1933年1月1日に自らが保有する契約に表章される綿花の量の程度で，綿花市場における保有ポジション (long) を維持するよう指示していた。綿花の引渡日が近づくと，納税者は，綿花の引渡しをうける契約上の地位 (contract) を売却し，それと同時に，もっと後の月に同種同量の綿花の引渡しをうける契約上の地位を購入した。この方法によって，納税者は，綿花の引渡しをうけることを実質的に遅らせることができた。1933年中に，納税者の綿花のポジションが清算 (手仕舞い) されることはなかった。売却によって生じる利益または損失と，売却や購入に伴う諸費用は，取引に際して納税者が利用している綿花ブローカーの帳簿に記入された。貸方残高の全部または一部を納税者が引き出せるかどうかは，その取引口座についての証拠金が必要かどうか，どの程度必要か次第であった。問題となったのは，綿花に関する契約上の地位の売却と購入はそれぞれが完結した取引 (closed transaction) を構成し，その結果として，当該年度に納税者に課税利得または損失が生じるかどうかである。

　納税者の1933年の租税債務を算定するにあたり，財務省 (the Treasury Department) は，綿花の引渡しをうける契約上の地位が売却されると同時に，売却されたのと同種同量の綿花の引渡しを将来うける契約上の地位が購入されるとしても，契約上の地位が売却されるたびに，そうした売却は完結した取引を構成し，その結果として課税利得または控除損失が生じるとして，契約上の地位の売却に基因する利得[38]の金額を納税者の課税所得に含めた[39]。

　納税者は，1933年の帳簿には，契約上の地位の売却に基因する利益または

---

36) Valley Waste Mills v. Page et al., 115 F.2d 466 (5 th Cir., 1940).
37) 事案について，*Id.* at 466-467. なお，納税者は，綿花のウエスや再加工品についても同様の売買を行ったが，それらについては省略する。
38) 本件では，契約の売却による利得が損失を上回った。*Id.* at 467.
39) *Id.*

損失を記入していたが，同年の納税申告書には，この利益または損失を含めていなかった[40]。納税者は，綿花に関する契約を終了する（close out）にあたって，同時に，将来同量の綿花の引渡しをうけることを定める別の契約上の地位を購入しない場合にのみ，取引から課税利得または控除損失が生じると主張した[41]。

第5巡回区控訴裁判所は，本件の事実に基づくと納税者の考え方を受け入れることはできないとして，次のように述べた。「これらの［筆者注：契約による綿花の］購入から生じた利益については争いがなく，また，その利益を用いて，同等級・同繊維・同性質の綿花を同量購入するための別の契約が同時に行われたという事実は，当該課税年度中に終局的に終了された契約に関して現に実現された利益についての税から納税者を救済する（relieve）には十分でない[42]。」

また，売却と購入の効果について，単に先物契約の引渡日を切り替えるだけであったと納税者が主張したことに対して，第5巡回区控訴裁判所は，そのようには解釈しないとして，次のように述べた。「[...] 引渡日の切替えは，これら売却および購入が行われたいずれの取引所［筆者注：ニューヨーク綿花取引所とニューオーリンズ綿花取引所］の規則でも認められていない。両当事者自身が各々の契約を別個独立のものと取り扱っており，各々の取引について，疑いなく，別々に手数料が課されていた。他のすべての目的では別個独立であると当事者が選択したものごとについて，納税者が課税の目的では一体とすることは，認められてはならない[43]。」

以上のことに加えて，法の建付けとして，ある年度に純所得を受け取ったら，たとえ別の年度と組み合わせると損失が生じるという結果になろうとも，その所得について税を支払わなければならないこと，および，別段の定めがない限り財産の売買または交換の時に利得または損失の全体の金額が認識されることを述べて[44]，納税者は先物契約から生じた利得について1933年

---

40) *Id.*
41) *Id.*
42) *Id.* at 467-468.
43) *Id.* at 468.

に課税をうけると結論づけた。

2 *Harriss* 判決[45]

 Harriss 事件では，*Valley Waste Mills* 事件とほぼ同一の事案において，同様の問題が生じた[46]。本件の事案は，以下のとおりである[47]。本件の納税者（Robert M. Harriss，亡妻と夫婦合算申告をしていた）は，綿花その他の商品（commodities）の取引を行う Harriss & Vose のパートナーであった。1934年に，納税者は，綿花の価格が上がると考えて，将来綿花の引渡しをうける契約上の地位（contracts […] for future delivery）を複数購入し，その購入した契約上の地位は引渡日が近づいてくると売却するが，売却収益は引き出さず，引渡日がもっと後である先物の契約上の地位を同数購入する取引を行うことを仲間と合意した。その結果として生じる収益は，Harriss & Vose によって Harriss & Vose の口座に記帳され，同時に，納税者の指示に基づいて，引渡日がもっと後である契約が同様の数だけ購入された。綿花事業における慣行では，本件のように，ある引渡日から別の引渡日への「切替え（switch）」がなされる場合，すなわち，保有する契約上の地位を特定数だけ売却（a 'long' sale）すると同時にもっと後の月に引渡日が設定された契約上の地位を同様の数だけ購入する注文を顧客が行う場合は，その売却から実現される収益は，新たに行われる購入に対する保証または信用として，引き出されずに保持されねばならなかった（must remain）。

 1934年中に行われた綿花先物に関する売却によって口座に生じた残高の純額（net credits），すなわち利得の総額は計72,747.67ドルで，そのうち，納税者の持分は36,373.83ドルであった。これは，一例[48]を除いて，すべて「切替

---

44) *Id.*
45) Harriss v. C.I.R., 143 F.2d 279（2 nd Cir.,1944），*aff'g* 44 B.T.A. 999（1941）.
46) *Harriss*, 44 B.T.A. at 1006.
47) *Id.* at 999-1004. 本文で述べることのほか，本件では，（1）不動産の売却から生じる損失の性質が通常のもの（ordinary）か資本性のもの（capital）か，（2）Harriss & Vose が受け取った手数料収入のうち納税者の分として Harriss & Vose の帳簿に記載された金額について，納税者は課税をうけるか，（3）株式や不動産への投資で生じた損失を控除できるか，が問題となったが，これらの論点については省略する。

え」取引から実現されたものである。

1934年の所得税申告書を提出するにあたって,納税者は,これら取引から生じた利得における自身の持分（2分の1）を,課税所得に含めなかった[49]。課税庁は,綿花先物の契約上の地位の購入および売却を行うことによって,納税者は仲間とともに総額計72,747.67ドルの利得を実現したと主張して,納税者の持分に比例してその半額だけ納税者の1934年の所得を増額した[50]。

納税者は,本件で行われた先物の契約上の地位の売却は,明確な計画のうちのひとつの出来事にすぎず,その計画に基づいて新たな売買（commitment）が同時に行われ,その売買を行うと,綿花事業の慣行と慣習により納税者は売却で実現された収益を引き出すことができなかった,ということを理由として,売却から生じる収益は,たとえ自身の口座に記帳されているとしても,実現された所得を構成しないと主張した[51]。納税者の主張によれば,納税者が行ったこれら取引はヘッジ取引（hedging operations）の性質を有しており,損失を全額控除することができる[52]。

---

48) 例外として,10の契約が売却されたが,それに対応する購入がなされなかった場合があった。Id. at 1001. この売却から生じた収益は Harriss & Vose によって適切な口座へ記帳された。Id.
49) Id. at 1005.
50) Id.
51) Id. at 1005-1006.
52) ヘッジ取引で生じた損失の取扱いを論じる先例として,納税者は,Ben Grote v. C.I.R., 41 B.T.A. 247 (1940)（1934年歳入法117条が資本的資産（capital asset）の売却から生じる損失の控除を2,000ドルに制限しているという事情のもとで,小麦農家である納税者が,小麦の価格変動に対する防御を目的として小麦の先物売買を行った場合について,その先物売買から生じた損失の性質が資本性のもの（capital）かどうかが争われた事件。租税訴願庁は,取引の目的は投機でなく価格変動からの防御のみであること,課税庁は1934年歳入法117条ではヘッジ取引が除外されていると解釈および実務運用しており,証拠に基づけば,本件の先物取引はすべてヘッジ取引であることを挙げて,損失の性質は資本性のものではないと判示した。）と,Farmers & Ginners Cotton Oil Co. v. C.I.R., 41 B.T.A. 1083 (1940)（綿実の原油生産を業務の一部として行う納税者による,綿実の原油の売却,綿実の精製油についての先物契約の購入,その契約の売却,という取引から生じた損失の性質が,資本性のものかどうかが争われた事件。租税訴願庁は,本件の事実は Ben Grote 事件と異なるところはなく,納税者が行った取引の目的は原油に係る損失の回避でありヘッジであると述べて,本件取引から生じた損失は事業に関連して生じたものであるとして,その全額の控除を認めた。）を挙げる。しかし,後者は,その控訴審（120 F.2d 772（5 th Cir., 1941））では,原油と精製油の値

租税訴願庁（Board of Tax Appeals）は，「本件で，納税者は『現物の（spot）』綿花の購入と引換えに先物を売却したのではなかった。納税者が売却したのは，自身が所有していた先物の契約上の地位のみである。納税者らの取引方法に基づけば，市場における納税者らのポジションは常に保有という状況（long）であり，行われた取引は純粋に投機的なものであった[53]。」と述べた。

また，売却と購入の関係について，租税訴願庁は，「[...] これら先物契約の売却は，もっと後の月に引渡日が設定された契約を同様の数だけ売却と同時に購入することの一部であるとは考えられえない。各々の場合に，売却が行われ収益が実現されると，その実現された収益が保証金（a deposit of guarantee）として保持されねばならない別の購入取引を行うという自発的行動を納税者がとる場合を除いて，その実現された収益は，疑いなく，納税者らが完全に支配および享受していた[54]。」と述べ，さらに，「売却のたびに，納税者らは別の購入を行うことなく取引を終える（close the account）ことができたであろう。事実として，そのような場合が現実に一例あり，その結果として7,829.50ドルの収益が生じた。この金額は，課税庁の主張によれば納税者らが実現した金額である計72,747.67ドルの一部である。この項目に関して，いま，納税者は，それが実現された利得を構成すること，そして，それにおける2分の1の持分について自身が課税をうけることを認めている[55]。」と判示した。

動きには関連性があることに鑑みれば，納税者はリスク選択を原油から精製油に変更しただけであること，精製油を購入しても原油の将来の値動きに対する保険とはならないこと等を理由として，本件で生じた損失は真正なヘッジに起因するものではないと判示され，覆された。*Farmers & Ginners Cotton Oil Co.*, 120 F.2d at 774-775.

53) *Harriss*, 44 B.T.A. at 1006.
54) *Id.* at 1006. 先例として，Corliss v. Bowers, 281 U.S. 376 (1930)（納税者が信託へ財産を移転し，その財産から生じる所得は納税者の妻へ支払われる（その死後は残余権が子供へ渡る）が，納税者は信託をいつでも任意に廃止または変更する権限を完全に留保しているという場合に，この所得について納税者は課税をうけるかどうかが争われた。連邦最高裁判所は，ある者が制約なく利用でき（unfettered command），自身の思い通りに自由に享受できる所得は，その者が自分で享受すると決める（see fit to）かどうかにかかわらず，その者の所得として課税せねばならない（may）と判示した。）を挙げる。
55) *Harriss*, 44 B.T.A. at 1006.

最後に，租税訴願庁は，「納税者の主張を認めると，利得を引き出す（derive）者は，それと同時に，利得を預け入れることを定める別の契約を行えば，利得の実現および認識そのものを延期できる，と判示することになろう[56]。」と述べて，*Valley Waste Mills* 判決における理由付け[57]に賛同した。結論として，租税訴願庁は課税庁の主張を認めた。

控訴審[58]において，納税者は，納税者とその仲間との合意により，綿花先物取引は1935年まで最終的に清算（liquidation）されなかったのだから，租税裁判所が1934年の利益であると認定した36,373.50ドルは，1934年には利益として課税されないと主張した[59]。第2巡回区控訴裁判所は，「綿花先物で生じた利益について，新たな綿花先物を購入する資金として利用し，口座の保証のためにブローカーが担保として保持すると納税者らが約定していたからといって，それだけでは，もとの契約の清算から生じる利益の課税の目的での『実現』および『認識』を納税者らが妨げることができなかったのは，明らかである[60]。」として，納税者の主張を退けた。また，「納税者は，もとの綿花先物引渡契約があたかも引渡日の先延ばし以外は何も付け足されることなく継続しているかのように取り扱うことによって，請求を認めさせようとした（has sought to prevail）。しかし，現実にはもとの契約は終了されており，取引所のルールで定められているように，現実の事業経営に従って，他の契約と置換えがなされた[61]。[…]」と述べて，原審の判断を維持した。

3　*Corn Products Refining Company* 判決[62]

本事件の事案は，以下のとおりである[63]。本事件の納税者は，とうもろこ

---

56)　*Id.* at 1006.
57)　*Valley Waste Mills*, 115 F.2d at 467-468. 前掲注（44）に係る本文も参照。
58)　*Harriss v. C.I.R.*, 143 F.2d 279（2 nd Cir., 1944）
59)　*Id.* at 281.
60)　*Id.*
61)　*Id.* at 282.
62)　*Corn Products Refining Company v. C.I.R.* 215 F.2d 513（2 nd Cir.,1954), *aff'g* 16 T.C. 395（1951). 本件は裁量上訴（certiorari）が認められ，連邦最高裁判所による判断がなされた（*Corn Products Refining Co. v. C.I.R.*, 350 U.S. 46（1956))。本件の連邦最

Ⅲ　裁判例― common law wash sale　*23*

し関連製品の製造および販売を行う会社で，事業で大量のとうもろこしを使用していた。市場で時折生じる供給不足に起因する価格変動を除去することによって，原料の価格を確実に安定させるために，納税者はとうもろこしの先物を行うことを決めた。その先物は，定まった品質のとうもろこしを，将来の定まった月の間に定まった価格で購入する契約で，契約日から11か月以内の定まった時に引渡しがなされることとなっていた[64]。納税者は，とうもろこしの価格が十分に低くなるたびに，商品取引所を通じてとうもろこしの先物を買い，作物不足が生じるかどうかが確認できるまで保有を続けた。予想される作柄により，先物を保有する必要性がなくなると，先物は部分的に清算された。納税者は，将来売却を求める契約（future sales commitments）を行ったが，買い手が得る利益は契約した価格と引渡日の市場価格のいずれか低い方と定められていたため，その性質は大いに（mainly）不確定であった。

　1940年および1942年に納税者が行ったとうもろこしの先物の売りと買いからは，結果として利得が680,587.39ドル，損失が109,969.38ドル生じた[65]。納税者の帳簿では売上原価（cost of goods sold）の増減として記帳されていたため，申告書において，納税者はこれらを通常所得または損失として取り扱

高裁判所判決は，納税者が有する有価証券が資本的資産かどうかを区別する基準を立てたとされる。田中治「有価証券の資本資産性についてのアメリカの判例動向」税法学380号17頁（1982年）参照。ただし，連邦最高裁判所判決では，取引が wash sale であるかどうかについての判断は行われなかった（本件の納税者のもとでは先物取引は資本的資産であると判断し，したがって，取引が wash sale であったかどうかの判断には至らない（do not reach）と判示した。350 U.S. at 47.）ため，本書では連邦最高裁判所判決の紹介は割愛する。

63)　*Corn Products Refining Company*, 215 F.2d at 514-515.
64)　*Corn Products Refining Company*, 16 T.C. at 396.
65)　*Corn Products Refining Company* 事件について，1940年の約68万ドルの利益に関するもの（裁判過程は16 T.C. 395（1951）→215 F.2d 513（1954）→350 U.S. 46（1955））と，1942年の約11万ドルの損失に関するもの（裁判過程は11 T.C.M. 721（1952）→20 T.C. 503（1953）→215 F.2d 513（1954）→350 U.S. 46（1955））の2件を区別すべきとし，第一の事件では商品先物契約が wash sale の規定における株式または有価証券といえるか，第二の事件では損失がキャピタルロスかどうかがそれぞれ争点になったことを論じるものとして，大塚正民『キャピタル・ゲイン課税制度－アメリカ連邦所得税制の歴史的展開』（有斐閣学術センター，2007年）90頁（注43）がある。

ったが，納税者はこれらを1954年内国歳入法典117条に基づき，資本性のもの（capital）であると取り扱うことを主張した[66]。また，納税者は，先立つ諸年度において損失が出た取引をたどり（trace），それら取引が1954年内国歳入法典118条の意味における wash sale であるとみなすことによって，1940年に売られた先物は62,328.10ドルのキャピタルゲインと202,662.60ドルのキャピタルロスとなると主張した[67]。課税庁は，通常所得または損失とする取扱いを変更することは必要でも適切でもないと主張した。

問題となったのは，とうもろこしの先物契約は納税者のもとで資本的資産（capital asset）として取り扱われうるか，そして，とうもろこしの先物の売りと買いで生じた利益および損失の性質について1954年内国歳入法典118条が適用されるかどうかである[68]。以下では，後者の問題について紹介する[69]。

---

[66] 納税者の帳簿では，とうもろこし先物の売りと買いから生じた利得および損失は売上原価（cost of goods sold）の増減として記帳されていたため，申告書において，納税者はこれらを通常所得または損失として取り扱っていた。しかし，1940年から1946年にかけて，商品先物契約に関する取引から生じるのは資本性の（capital）利得および損失であるとの課税庁の主張が一連の裁判例で認められたことから，納税者はこれに依拠して，本件のとうもろこしの先物から生じた利得および損失を資本性のものとして取り扱うことを主張した。*Corn Products Refining Company*, 215 F.2d at 515. なお，租税裁判所判決では商品先物取引が1954年内国歳入法典117条の射程に入るかどうかは明言されなかったが，納税者の主張に基づけば，1940年に売却された先物からは62,328.10ドルのキャピタルゲインと202,662.60ドルのキャピタルロスが生じることとなる。*Corn Products Refining Company*, 16 T.C. at 399. 納税者の主張が所得税については税額を増やすものであることについて，本件の真の争点は法人所得税（corporate income tax）ではなく超過利得税（excess profit tax）であったこと，すなわち，本件での納税者の意図は，商品先物取引から生じた損失が通常損失ではなくキャピタルロスだと主張することによって，当該年度の法人所得税は増額する一方で，爾後の超過利得税を減少させることにあると論じるものとして，大塚・前掲注（65）13-14，81-84頁がある。

[67] 納税者は Trenton Cotton Oil Co. v. C.I.R., 147 F.2d 33 (1945), *reh'g denied* at 148 F.2d 208 (1945) に依拠した。*Id.*

[68] 他の問題については，本書では省略する。

[69] 租税裁判所は，先物取引に1954年内国歳入法典117条が適用されるかどうかについては意見を述べなかった。*Corn Products Refining Company*, 16 T.C. at 398-399. 本件の納税者は，債券に係る短期キャピタルロスや外国為替取引における短期キャピタルゲインを有しており，短期キャピタルロスはその全額が控除されたため，680,587.39ドルの利得が売上原価を減少させようとも短期キャピタルゲインとして課税されようとも税額は変わらない，という事情があったためである。

租税裁判所は,「商品先物のポジション保有者 (owner) には, 決済時に契約で定められた価格の支払いが行われる時を除いて, 財産を要求する権利がない。契約で定められた価格を支払う時に, 財産を要求し受け取る権利をある者へ与える未履行の (executory) 契約はすべて, 1954年内国歳入法典118条の意味における有価証券と考えられるべきでない[70]。」として, 商品先物取引は1954年内国歳入法典118条で定められている「株式および有価証券」に含まれないと判示した。また, 新しい契約がそれ以前の契約と「実質的に同一」かどうかについて,「新しい商品先物契約は, たとえ各々に含まれる数量が同一であるとしても, それ以前になされたどの契約とも『実質的に同一』ではない。新しい契約が, それ以前の契約でその商品を売ることを合意したのと同じ当事者と行われるかどうかは, まったくの偶然であろう。おそらく価格は異なるであろうし, 引渡日は間違いなく異なるであろう[71]。」と述べて, 契約は実質的に同一とはいえないと判示した。さらに, 本件のようなとうもろこしの先物取引について,「期間が短く, 独特な特徴を有しているので, 1954年内国歳入法典118条の妨害を意図する悪事には役立たない。このような契約の売買は, なされる時に完了する取引であり, その時に利得または損失が認識され, 課税の目的でその利得または損失が繰り延べられることはない[72]。」と述べて, 結論として, 本件に1954年内国歳入法典118条の適用はないとした。控訴審において, 第2巡回区控訴裁判所は, この租税裁判所の判断をほぼそのまま維持した[73]。

Ⅳ　考　察

　これまでみてきた, 制定法の立法趣旨 (本書第一部Ⅱ2参照) および, 裁判例において wash sale で生じる利得に課税する根拠として述べられたこと

---

70)　*Id.* at 400.
71)　*Id.*
72)　*Id.*
73)　*Corn Products Refining Company*, 215 F.2d at 516-517.

(本書第一部Ⅲ参照)は，wash sale から生じる利得または損失を課税上の計算に含める(あるいは含めない)ことをどのように理由づけているか。結局のところ，wash sale という取引のどのような性質が問題とされているのか。以下では，特定の要件をみたす交換に係る利得または損失は認識されないものとすることを定める I.R.C.§1031[74]で議論される，交換取引における投資の継続性[75]と，wash sale において取引前後で同じポジションにあるといわれることの異同を確認したうえで，納税者による利得の利用可能性と取引の独立性という観点から裁判例における判示事項を整理することによって，益出し wash sale が課税をうけるとされた根拠を明確化する。その理由づけを探究するにあたっては，取引が I.R.C.§1031の適用をうける交換か，それとも売却と再投資かどうかが争われた裁判例，および学界における議論等を適宜参照する。

1　交換取引における「投資の継続性」との対比

本書第一部Ⅱ2において，損出し wash sale がもつ特性を，①納税者は財産に対して取引の前後で値上がり・値下がりとも同じリスクにさらされていること，②課税上の損失は生じる(と納税者は主張する)こと，に分けて，制定法は②，すなわち課税上の損失に中味がないことに着目して控除を否認しようと意図したことを述べた。これに対して，①，すなわち財産と納税者との関係に変化がないことに着目すると，譲渡したものと同一の(銘柄や種

---

74)　2017年12月22日に大統領によって署名された An Act to provide for reconciliation pursuant to titles Ⅱ and Ⅴ of the concurrent resolution on the budget for fiscal year 2018 (Tax Cuts and Jobs Act) によって，I.R.C.§1031が適用される財産は不動産(real property)に限定されることとなった。Pub. L. No. 115-97, §13303, 131 Stat. 2054, 2123-2124 (2017). 有形の動産(tangible personal property)およびある種の無形の財産(intangible property)の交換には I.R.C.§1031が適用されないこととなったが，I.R.C.§1031が適用されるのは主として不動産の交換であり続けてきたことから，Tax Cuts and Jobs Act により I.R.C.§1031の射程が狭まったことにさほど実際的な重要性はないと述べるものとして，see Chirelstein & Zelenak, supra note 31, at 384.

75)　投資の継続性は，適格組織再編制において株主段階での課税繰延べが認められる根拠としてよくいわれる。岡村忠生・酒井貴子・田中晶国『租税法』(有斐閣，2017年)204頁(田中執筆部分)参照。本書では組織再編税制には触れない。

IV 考察 27

類が同じという意味で）株式を譲渡の直後に取得する場合は，そもそも譲渡や実現といえるか，課税時期として適切か[76]を検討することになる。

ここで，I.R.C.§1091に関して，「the wash sale は，名目上は（nominally）売却された財産に，納税者は経済的現実として（in economic reality）自身の投資を継続している（continue its ［筆者注：the taxpayer's］ investment in property）ことに基づく[77]」こと，および，I.R.C.§1031が同種財産の交換から生じる利得または損失を認識しない（nonrecognition）と定めているのは「この納税者が自身の財産を同種の財産と交換する場合は投資の継続性が達成されている[78]」点に依拠することを主張して，I.R.C.§1031の適用をうける財産については，交換ではなく売却と再投資の形式で行われる取引についても，wash sale ルールを適用して損失の控除を否認するべきこと，さらに，売却・再購入における利得と損失の発生の対称性に鑑みて，利得の繰延べも行うべきことを主張する論者がいる[79]。この論者の問題意識は，「比較的短期間のうちに財産を売り，代替財産を買うという，［筆者注：交換とは］異なるメカニズムに基づいて，納税者が同じ投資の継続性（continuity of investment）を達成するのならば，なぜこの結果が異なる［筆者注：I.R.C.§1031の要件をみたす交換では利得および損失が認識されないが，交換でなく売却と再投資の形式で取引を行うとその取扱いをうけられない］べき

---

76) 岡村・前掲注（4）327頁参照。
77) Thomas L. Evans, *The Realization Doctrine After Cottage Savings*, 70 TAXES 897, 901 (1992).
78) *Id.*
79) *Id.* at 901-902. 多少敷衍すると，Evans は，同種財産の交換に係る利得または損失の非認識の取扱いをうける種類の財産については，財産が売却され，合理的に短い期間内に同種の財産へ投資を行う場合に，wash sale のルールが適用されるべきことを提案する。つまり，財産と財産の交換という一度の取引ではなく，財産の売買および再売買の二度の取引という構成をとると，最初の売買から生じる損失の控除を I.R.C.§1031に基づいて否認することはできないが，このような場合について wash sale のルールを拡張して，最初の売買から生じる損失の控除を否認すること，さらには，対称性に鑑みて，損失のみならず利得の認識をも繰り延べることを述べる。*Id.* at 902. また，Evans は，現金を対価とする財産の売却を行い即座に再投資することから生じる利得への課税の繰延べを認めても，現行法に基づくと，同様の状況にある納税者は同種資産の交換となるよう取引を仕組むだろうから，単に取引コストが減少するだけであり，税収の減少はそれほど大きくないと考えている。*Id.*

なのか[80]。」という点にある。

　しかし，この主張をする，すなわち「投資の継続性」をI.R.C.§1031とI.R.C.§1091の共通項として両者を結びつけるためには，まず，投資を継続するということの意味内容と，それはI.R.C.§1031とI.R.C.§1091の場合で同じことを意味するのかを明らかにする必要があるだろう。

　I.R.C.§1031は，取引もしくは事業における生産の用途のためまたは投資のために保有される不動産が，取引もしくは事業における生産の用途のためまたは投資のために保有されることが意図される同種の不動産のみと交換（exchange）される場合には，その交換に係る利得または損失は認識されないものとすることを定める[81]。I.R.C.§1001に基づいて決定されるものとしての，財産の売買または交換の時に実現される利得または損失は，内国歳入法典サブタイトルAの特定の諸規定が別段の定めをおく場合を除き，その金額の全体が認識されるのが原則である[82]。I.R.C.§1031は，この原則に対する例外を定めるものであり，財産の交換の時に，譲渡する財産と取得する財産との間に細かな（particular）差異があるが，この差異は重大というより形式的なものである（more formal than substantial）場合には，このような差異が決め手となる（controlling）とは考えられないものとし，その交換から生じる利得または損失は交換の時には認識されないものとする[83]。

　I.R.C.§1031の規定の根底には，新たに取得する財産は，実質的には，もとの投資がいまだ清算されず（still unliquidated）継続しているものだ，という想定がある[84]。そして，もとの投資と新たな投資の経済的実質が同じである

---

80) Id. at 901.
81) I.R.C.§1031 (a)（1）．I.R.C.§1091は株式または有価証券を適用対象としている。これに対して，I.R.C.§1031では，2017年のTax Cuts and Jobs Actによる改正で適用対象が不動産（real property）の交換に限定される以前から，株式または有価証券は適用対象とされないことが明確にされていた。2017年の改正前のI.R.C.§1031 (a)（2）(A)-(C) 参照。2017年のTax Cuts and Jobs ActによるI.R.C.§1031の改正およびそれ以前の規定内容については，前掲注（74）および第一部補論を参照。なお，同じ会社の普通株どうしまたは優先株どうしの交換に係る利得または損失の非認識について，I.R.C.§1036参照。
82) Treas. Reg. §1.1002-1 (c).
83) Id.

限り、納税者が投資を異なる形式で続けることを認めるのである[85]。交換の場合は、I.R.C.§1031の適用により取引から生じる利得または損失の認識が繰り延べられることがある一方で、売却と再投資の場合には投資の清算があると判断されてI.R.C.§1031は適用されない[86]ため、交換か、それとも売却と再投資かが争いとなる。

投資の継続という文言が、投資がいまだ清算されず継続することを意味するならば、wash saleについては、少なくとも、I.R.C.§1031の意味での投資の継続性を見出すことはできないと思われる[87]。通常、wash saleにおいては、2度の取引、すなわち財産を現金その他の財産と引き換えることと、現金その他の財産を元々保有していたものと同種の財産と引き換えることが行われる[88]。Wash saleにおいて、取引の前後で納税者が実質的に同様のポジションにあることがよく指摘される[89]が、これは納税者と財産との関係が取

---

84) *Id.*
85) *See* Richard David Harroch, *Comments, Section 1031 Exchanges: Step Transaction Analysis and the Need for Legislative Amendment*, 24 UCLA L. Rev. 351, 367 (1976). 内国歳入法典における、買換えにおける利得の非認識を認める規定（I.R.C.§1033、収用等に基づく財産の非自発的な転換）の趣旨も、これと同様であるとされる。*Id.* また、I.R.C.§1031について、納税者が同条の適用をうける財産を売却しその収益を再投資すると、納税者には納税資金がないであろうことが述べられている点が特筆される。*Id.* at 367-368.
86) 連邦議会における討論によれば、I.R.C.§1031は売却・再投資には適用されないと意図されていた。65 Cong. Rec. 2799 (daily ed. Feb. 19, 1924).
87) 交換差金（boot）がある場合の同種の財産の交換については、I.R.C.§1031（b）および（c）が利得または損失の認識のルールを定める。ある交換に、I.R.C.§1031（a）、I.R.C.§1035（a）、I.R.C.§1036（a）またはI.R.C.§1037（a）の適用がある場合、交換で実現される利得は、交換差金の金額（同種の財産以外に受け取る金銭の金額および財産の公正市場価値の合計）まで認識されるが、損失はまったく認識されない。I.R.C.§1031（b）、（c）. *See also* Bittker and Lokken, *supra* note 7, at ¶44.2.3. ここでも、wash saleについて定めるI.R.C.§1091と同様に、利得と損失の取扱いに非対称が生じている。
88) I.R.C.§1091が適用されるwash saleの具体例として、例えば、Treas. Reg. §1.1091-1（h）Example 1は次のような取引を挙げる。「暦年を課税年度とするAは、1954年12月1日にM社普通株100株を10,000ドルで購入し、同月15日に追加的に100株を9,000ドルで購入した。翌年1月3日に、Aは昨年12月1日に購入した100株を9,000ドルで売却した。I.R.C.§1091により、この売却から生じる損失は控除を認められない。」
89) たとえば、下院歳入委員会（Ways and Means Committee）の報告書では、納税者はwash saleを行うと、「[…]有価証券を売却して損失を生じさせ、その売却収益を用いて、種類が類似し（of a similar class）ほぼ同価値の有価証券をすぐに購入すること

引の前後で継続していると租税法上評価できるかどうかを見るものであって，財産を現金その他の財産と引き換えることは問題にしていないと考えられる。I.R.C.§1031が適用される交換の場合でも，I.R.C.§1091が適用される売却と再投資の場合でも，納税者と財産との関係が取引前後で同様となるであ
̇ろ̇う̇一̇方̇で̇，投資がいまだ清算されず継続していることを根拠とした利得および損失の繰延べという考え方は，wash sale にそのまま取り込むことはできない[90]。

　さらに，I.R.C.§1091とI.R.C.§1031は，ともに株式や有価証券について特別な取扱いをするが，その考え方の方向は真逆であるように思われることも，一考に値する。I.R.C.§1091は，株式または有価証券の売買その他の譲渡である wash sale により生じるとされる損失の控除を認めないことを定める[91]。これに対して，株式や有価証券の交換は，I.R.C.§1031に基づいては，利得または損失を認識しないという取扱いをうけえない[92]。I.R.C.§1031において，同種財産の交換に係る利得または損失の繰延べの取扱いを受けうる財産の範疇から株式等が除外されるのは，株式等は流動性が非常に高い非現金資産であるためとされていた[93]。つまり，I.R.C.§1091も I.R.C.§1031も，株式

　　ができるゆえに，課税上はその間に損失を実現しながら，売却前と実質的に同じポジションにある。」と述べられている。*See* Report-Ways and Means Committee, H.R. 13770, 67th Cong., 4 th Sess., H.Rept. 1388 at 2 -3, *reprinted at* Seidman, *supra* note 25, at 732.
90)　前掲注（80）に係る本文に鑑みれば，Evans は，交換の文脈において，納税者と財産との関係が取引前後で同様となることをもっと重視すべきだと主張したものと思われる。おそらく，Evans が「投資の継続性」という文言で言いたかったのは，取引前後で財産に対する納税者の結びつきが変わらないということではないだろうか。
91)　I.R.C.§1091（a）.
92)　I.R.C.§1031（a）. 2017年の Tax Cuts and Jobs Act による I.R.C.§1031の改正以前の規定内容について，前掲注（74），（81）および第一部補論参照。ただし，I.R.C.§1036.
93)　*See* Jensen, *supra* note 31, at 203（fn.53）. *See also* Kenneth P. Brier, *Like-Kind Exchanges of Partnership Interests: A Policy Oriented Approach*, 38 TAX L. REV. 389, 400（1983）. Brier は，非常に流動性の高い資産のみを適用対象資産から除外するという I.R.C.§1031の意図について，市場で流通する有価証券への強い関心（preoccupation）や，金銭または金銭と本質的に同様の財産の収受についての法の文言，そして過去の諸歳入法の構造から推測できるとして，次のように述べる。「非常に流動性の低い，つまり『容易に換金可能な（realizable）価値』を持たない資産の交換は，過去の諸ルール

や有価証券は流動性が高い,すなわち性質が現金に近いことを主たる要因として,前者は取引前後で同じポジションを保ちながら課税上の損失を出すことの容易さを危惧して[94],損失の控除を認めないこととし,後者は交換で株式や有価証券を受け取るということは,たとえ同種株式や有価証券を受け取る場合であっても,現金同等物を受け取ることだと評価して,利得または損失の認識を要求していたといえる。

2 利得の利用可能性

上で挙げた益出し wash sale の裁判例では,共通して,もともと行っていた先物契約(これを A とする。)を売却して,その売却によって得られた利得を利用して,新たに先物契約(これを B とする。)を購入する場合に,A から得られた利得は A の売却時に課税されると判示された。同等級・同繊維・同性質の綿花を同量購入するための別の契約である B の購入が A の売却と同時に行われたとしても(*Valley Waste Mills* 事件),A から B への切替えが行われる際には A から得られる利益を納税者は保持できないことが契約で定められていたとしても(*Harriss* 事件),納税者が A の終了時に A から生じる利得をいったん手に入れており,それを自由に処分可能であることが着目されたのである。B の購入は,A から得られた利得を同様の先物契約へ再投資するという決定を納税者が行ったにすぎない。

利得の利用可能性は,裁判例において,課税における交換(利得または損失への課税の繰延べが認められうる)か,買換えすなわち売買(利得または損失への課税が行われる)か[95]を区別するメルクマールとされている。米国で

の下では,それら資産が同種であるかどうかに関わらず,利得の非認識から除外されていた。同種財産の交換規定が,列挙された流動性のある資産を除外した後に(after)何か意図を有していたとする(was to)ならば,それは,程々の(intermediate)流動性がある他の種類の資産へ適用されたに違いない。言い換えると,[筆者注:同種財産の交換における非認識規定の適用を]除外される資産の種類に,半流動的な(semiliquid)資産は含まれなかった。つまり通常は,除外される資産の種類には,非常に流動性の高い資産しか含まれなかったのである。」*Id.* Tax Cuts and Jobs Act による改正後は,I.R.C.§1031 が適用されるのは,不動産(real property)のみである。

94) 前掲注(89)参照。
95) 課税上の,交換と売買の違いについては,財務省規則 1.1002-1 条(d)が定める。

は，取引の前後で納税者が同種の財産を有することとなる場合について，その取引は交換か，それとも買換えかについて，多くの裁判例が蓄積されてきた。交換とされる場合は，I.R.C.§1031[96]が定める特定の諸要件をみたせば，取引から生じる利得または損失が認識されない。その一方で，買換えとされる場合にはI.R.C.§1031は適用されず，財産の売却と，その売却したものと同種の財産の購入（sale and repurchase）と考えられるため，原則どおり，取引から生じる利得または損失は認識される。

このようなルールの下で，納税者が取引でI.R.C.§1031の要件をみたす同種の財産を譲渡し，取得したが，その取得した財産は取引の途中で他方当事者から受け取った金銭を用いて納税者が取得したものである場合は，交換といえるか，それとも買換えかが問題となったのが，*Carlton* 事件[97]である。

通常は，ある取引が交換とされるためには財産どうしの移転でなければならず，対価を金銭のみとする財産の移転とは区別される。Treas. Reg. §1.1002-1 (d)。
　I.R.C.§1031をみたす交換では，財産どうしの移転が即時に行われる必要はなく，（1）納税者が交換で受け取る財産が，交換で納税者が手放す財産を移転する日の後45日以前に特定される，（2）交換で納税者が手放す財産を移転する日の後180日目，または，手放される財産の移転が生じる課税年度について納税者が内国歳入法典第1章に基づいて課される税の申告書の提出期限の，いずれか早い方までに，納税者が財産を受け取る，の2要件をみたせばよい。I.R.C.§1031 (a)（3）。ただし，（2）をみたしたとしても，I.R.C.§1031が適用されるのは交換のみであり，財産と引換えに現金を移転する場合にはI.R.C.§1031は適用されない。財産を手放してから受け取るまでに間がある交換（即時でない交換，deferred exchange）において，同種の財産を実際に受け取る前に，納税者がI.R.C.§1031 (a) の定める諸要件をみたさない金銭または財産を実際に受け取るまたは受け取るとみなされる場合は，利得または損失が認識される。Treas. Reg. §1.1031 (k)-1 (a)。また，金銭またはI.R.C.§1031 (a) が定める諸要件をみたさない財産で，財産を手放す対価の全額を納税者が実際に受け取るまたは受け取るとみなされる場合は，たとえ納税者が終局的には交換により取得する財産として同種の財産を受け取りうるとしても，その取引は即時でない交換（deferred exchange）ではなく売買（sale）を構成する。*Id.* たとえば，納税者が財産を現金と引換えに移転し (sell)，その移転の後45日以内にその現金を置き換えるための同種の財産を特定し，180日以内にその同種の財産の購入を完了する場合は，たとえ同種の財産の特定および購入がI.R.C.§1031 (a)（3）が定める期間制限をすべてみたすとしても，交換は生じなかったとして，利得または損失が認識される。*See* Bittker and Lokken, *supra* note 7, ¶44.2.5。

96) I.R.C.§1031の規定内容については，本書第一部Ⅳ1および第一部補論を参照。なお，I.R.C.§1031は強行規定である。*See* Harroch, *supra* note 85, at 354 (1976)。
97) Carlton v. U.S., 385 F.2d 238 (5 th Cir. 1967)。I.R.C.§1031における「交換」要件について，裁判例を精査し売却あるいは買換えとの区別が困難であると論じるなかで

Ⅳ 考　察

　事案は，次のとおりである[98]。農場経営を行っていた原告納税者（Carlton夫妻）は，事業に関連して農業用地を所有しており，General Development Corporation（以下ではG社という）に対して，その農業用地を1エーカーあたり250ドルで取得するオプションを与える契約を締結した。契約では，現金の支払いや担保権の設定（mortgage）に代えて，納税者は，交換を行う目的で，自身が指定する土地を取得するようG社に求めることができると定められていた。G社との交渉当初から，納税者は農場経営を継続することを望んでおり，自身の農業用地を農場経営に適した他の土地と交換する意図を有していた。

　納税者は自ら交換に適した土地（LyonsとFernandez）を探し出して取得交渉をまとめ，自身の農業用地と交換する目的で，それら土地を購入するようG社へ求めた。G社はLyonsとFernandezの売買契約を締結し，また，納税者の農業用地を取得するオプションを行使した。G社は，LyonsとFernandezを購入する契約上の地位（contracts to purchase）を納税者へ移転（assign）し，G社が自身の名義でLyonsとFernandezを購入して納税者へ譲渡した場合に支払ったであろう金銭の総額を，納税者へ小切手で支払った。この手順がとられた理由は，土地の権原の移転（title transfer）を無用に2度（LyonsとFernandezの所有者からG社へ，G社から納税者へ）行うことを避けて，土地の権原を納税者へ直接に譲渡するためであった。LyonsとFernandezを購入する契約上の地位の譲渡を受けた当日および翌日に，納税者は土地を購入した。

　地方裁判所は，G社はLyonsとFernandezの権原をまったく取得しなかったのだから，それら土地を納税者の農業用地と交換できるはずがなかったとして，本件で行われた移転は，納税者が自身の農業用地をG社へ売却し，それによって得た金銭をLyonsとFernandezの購入に充てる，売却と再購入（sale and repurchase）であると判示した[99]。控訴するにあたり，納税者

---

　　*Carlton*事件に触れるものとして，芳賀真一「課税繰延べの根拠とその合理性：アメリカ連邦所得税における同種の資産の交換の規定と組織変更税制を中心に」一橋法学8巻1号303頁（2009年）参照。

98)　*Carlton*, 385 F.2d at 239-240.

は，地方裁判所判決は継続的な取引の一側面に的を絞った点で誤りであり，本件でとられた手順は単一のまとまった取引として考えられねばならず，納税者はそれを通じて財産の交換を行うことを意図しており，結果として，納税者は農場経営に適した財産を取得し，同種の財産における自らの権利を手放したと主張した[99]。納税者は，売買と交換を区別する本質的要素は意図であり，本件で交換が意図されていたことには課税庁も合意しており，取引の正味の結果（net result）は農業用地の交換であったのだから，本件で行われた数々の移転は交換と考えられねばならないと結論づけた[101]。

　問題は，納税者がG社へ自身の農業用地を移転したことに基づく現金の収受によって，交換[102]と意図されていた取引が売買に変容するかどうかである。連邦巡回区控訴裁判所はこれを認めて，I.R.C.§1031が利得または損失を認識しないと定める状況について，次のように述べた[103]。「I.R.C.§1031は，継続的な事業を営む中で，事業で用いる財産が別の財産と交換される場合に，利得または損失の認識を繰り延べるために制定されたものである。そうした状況では，納税者は，一般的かつ経済的な意味で，利得を受け取っておらず，損失を被ってもいない。また，この財産の交換は，ある投機の終了と別の投機への着手（assume）にもならない。交換前に営まれていた事業上の投機は，交換後も，現実の経済的変化および変質を伴うことなく，また，現金その他の容易に現金化できる（liquefiable）資産に転化する（realization）ことなく，継続する。［中略］たとえ，納税者が本件で問題となっている取引の後も農場経営を継続するとしても，そのことは本件の移転についての課税上の結果を左右しない。そうではなく，I.R.C.§1031の租税利益を享受できるかどうかにとって本質的なのは，移転が交換であって，売却と購入ではな

---

99) Carlton v. U.S., 255 F. Supp. 812, 817 (1966); Carlton, 385 F.2d at 240.
100) *Carlton*, F.2d at 240.
101) Id.
102) 土地の権原が2回移転する場合，つまりG社がLyonsとFernandezを取得し，それから，それらの権原を納税者の農業用地と引換えに納税者へ移転する場合には，納税者はI.R.C.§1031に基づいて利得の認識を繰り延べる取扱いをうけたであろうことには，課税庁と納税者で異論はない。Id. at 241.
103) Id.

いことだ[104]。」

　小切手および譲渡証書（assignments）と引換えに自身の農業用地を移転したことについて，納税者は，行われたのが売買か交換かを決定するには取引全体が一体として観察されねばならないと主張して，そのような移転は農場経営に適した財産同士の交換の実行を意図して設計した単一のまとまった計画の一部であるから，諸々の財産の移転は交換と解釈されるべきであると述べた[105]。

　これに対して，連邦巡回区控訴裁判所は，「本件では，[...] 納税者が自身の農業用地の譲渡証書と引換えに現金を収受したというのが取引の実質であって，別の土地を受け取ったのではない。交換のまさにその本質は所有者間で財産を移転することであり，他方で，売買の特徴は財産と引換えに現金を収受することである。[...] 本件のように，売却による収益を用いて別の財産を即時に買い直す（repurchase）場合は，売買と交換の区別が決定的となる。次に，G社は決して納税者と財産を交換できなかった，というのも，G社はLyonsとFernandezのいずれの法的権原も取得しなかったからである。さらに，G社はこれら取引に関する手形も担保権に係る債務も，人的に負っていなかった。したがって，G社は交換するための同種の財産をまったく有していなかった。最後に，G社がLyonsとFernandezについて代金を支払い，それら財産を納税者へ直接に譲渡させただけだということはできない。納税者が自身の農業用地と引換えにG社から受け取った金銭は，G社によって，LyonsとFernandezの購入に用いるよう取り分けられては（earmark）いなかった。その金銭の使用および用途に制約はついておらず，納税者が自身の思うように利用できた。実際に納税者がその金銭をLyonsとFernandezの支払いに用いたという事実は，納税者による金銭の利用に拘束や制限がない（unfettered and unrestrained）という事実を変えるものではない。免れ難い事実として，納税者がG社から収受した金銭は，納税者が土地を譲渡する代わりに納税者に支払われたものである。その結果とし

---

104)　*Id.*
105)　*Id.*

て，G社と納税者との独立した（separate）取引は売買として，そして，納税者とLyonsおよびFernandezとの取引は他の財産の購入として解釈されねばならない[106]。[...]」結論として，連邦巡回区控訴裁判所は，納税者からG社への農業用地の移転は売買であって，それから生じる利得の取扱いについてI.R.C.§1031は適用できないと判示した[107]。

　Carlton事件は，あくまでI.R.C.§1031が定める「交換」という要件の外縁，つまり，納税者が財産ではなく現金（同等物）を受け取り同種の財産へ自ら再投資する場合も交換といえるかどうかが争われたものである。それゆえ，その考え方がwash sale（形式上，売却と購入であることは明らかである）を行った事件に直接当てはまるかどうかはなお一考を要する。しかし，Carlton事件において，納税者が自身の財産を手放す対価として現金を受け取ったこと，そして，その現金の使途に制限がなかったことが，取引を売却および売却したものと同一の財産の購入であるとする判断の中核にあったという点は，wash saleの裁判例として本書第一部IIIで取り上げた3判決に大きな示唆を及ぼすように思われる。

　たとえば，Harriss事件では，先物契約の契約上の地位の売却と同時に購入が行われる場合は，売却から生じる収益は所得を構成しないと納税者が主張した[108]のに対して，裁判所は，先物契約を納税者が自発的に購入する場合を除いて，収益は納税者が完全に支配および享受していたのであって，納税者は売却をしても購入はせずに取引を終えることができたと述べて，納税者の主張を退けた[109]。Carlton事件とHarriss事件のいずれにおいても，取引の前後で納税者の財産に対する経済的な状況は変わっていない（同種の財産を保有し続けている）と評価しうるであろうが，それ以上に，取引の中間段階で現金が利用可能になったために経済的な状況を自発的に変化させるこ

---

[106] *Id.* at 242-243.
[107] *Id.* at 243. ただし，判決では，納税者がI.R.C.§1031の要件の充足にどれほど近いところまできていたか，そして，交換が意図されていたと課税庁も認めている点に鑑みれば，交換でなく売買とする結論は明らかに酷である（obviously harsh）と指摘されている。*Id.*
[108] *Harriss*, 44 B.T.A. at 1005-1006.
[109] *Id.* at 1006.

3　取引の独立性

　また，いま，先物取引Ａと先物取引Ｂがあり，ＡとＢの違いは引渡日のみである（Ａにおける引渡日よりもＢにおける引渡日の方が後に到来する（時間的に遅い）とする）とすると，本書第一部Ⅲで取り上げた３件の裁判例では，共通して，ＡとＢは，たとえ性質が類似していても，別個独立のものであると考えられた。ＡとＢで特徴的に異なるのは商品の引渡日であったが，Ａを売却してＢを購入するという引渡日の切替えが，取引所の規則で禁じられている（*Valley Waste Mills* 事件）か，自由に行うことができる（*Harriss* 事件）かに関わらず，ＡとＢは別個のものであると判示された。ＡとＢがその実質として同一であると判断できるかどうかについては，それぞれの契約における商品の数量，取引の相手方当事者，価格および引渡日が考慮要素として挙げられた（*Corn Products Refining* 判決）[111]。つまり，Ａは売却によって終了し，新たにＢを購入した（Ａから生じる損失または利得はＡの終了時に課税される）という考え方がとられており，Ａは売却されたが，Ａと引渡

---

110)　交換特例に関して，法体系上は特例として位置づけられているが経済実態的には人々の所得の捉え方に関する感覚が表れたものと見る余地を示唆して，検討を行うものとして，浅妻章如「値上がり益課税適状の時期——所得税法58条・法人税法50条の交換特例をきっかけに——」金子宏編『租税法の基本問題』（有斐閣，2007年）377頁がある。同論文は，日本法は買換えを租税特別措置法に規定して特例色を強めており，米国法も I.R.C.§1031の適用を基本的に同種資産の交換に限定していることを説明したうえで，現状の説明として，「消費にではなく，消費と再投資との選択肢を持つことに課税している［...］。交換特例が適用される場面は，同一用途に縛られており選択肢獲得に至ってない場面であり，非適用の場面，たとえば転用の場面は，同一用途から解放されているので選択肢獲得と同視される，という説明が想起できる。」と述べる。同論文395 -396頁参照。

111)　ただし，これらのうちいずれが優越するか，どの程度一致あるいは類似していれば実質的に同一といえるかは明らかでない。I.R.C.§1091の「実質的に同一」の文言の意味内容は，制定法ではそれ以上述べられておらず，財務省規則や裁判例の蓄積がある。なお，「実質的に同一」基準は，損出し wash sale を規律する制定法で用いられている文言であることから，本書第一部の検討対象である益出し wash sale には直接には当てはまらない可能性があることに注意を要するが，*Corn Products Refining Company* 判決では，契約の同一性の判断方法が，取引から利得が出るか損失が出るかに関わらず述べられていると考えられる。

日のみ異なるBの購入によって，Aは引渡日が変わっただけで存続し続けている（Aから生じる利得または損失はBの終了時まで課税が繰り延べられる）という見方はなされていない。そうすると，りんごを売って得た金銭でみかんを購入する場合に，りんごの売却から生じる利得が課税をうけるのと同様に，別段の定めがない限り，Aが終了されると，取引から生じる利得は課税をうけることとなろう。

　取引の前後で納税者の財産に対する経済的な状況が変わっていない，すなわち投資の継続性があることを重視して，たとえ売却と再投資があったとしても，それら取引をつなぎ合わせることによって，取引から生じる利得または損失を課税上認識しないと取り扱う，と考えることは可能であろうか。この問いに対しても，交換か，売却・再投資かの文脈における段階取引の法理（step transaction doctrine）の議論が助けとなろうが，これは今後の検討課題としたい[112]。

---

112) 売却・再投資か交換かの文脈で，段階取引の法理の適用を述べるものとして，see Bittker & Lokken, *supra* note 7, ¶44.2.4. ただし，Harroch, *supra* note 85, at 116 (fn. 116) では，I.R.C.§1031に関する取引における段階取引の法理についての文献（literature）はほとんど存在しないと述べられている。投資の継続性の観点から売却と再投資を連続して利得または損失の取扱いを考えるという方法は，wash sale にも大いに有用である。たとえば，Harroch, *supra* note 85, at 379も，Bittker & Lokken, *supra* note 7, ¶44.2.4も，*Horne*事件（前掲注 (33) 参照）を，段階取引の法理の適用例として挙げている。これは，wash sale がその形式上は売却・再投資であり，問題領域として，I.R.C.§1031に関して取引が交換か売却・再投資かという問いと非常に近接しているからに他ならない。また，wash sale で利得が実現される場合には，I.R.C.§1091の適用はないが，取引が経済的実質（economic substance）を欠く，あるいは偽物である（sham）といった場合には，wash sale が課税上は無効となる（ineffective）とされる。*See* Bittker & Lokken, *supra* note 7, ¶44.8.6. 制定法外の wash sale についての課税上の取扱いは必ずしも明らかではなく，これら判例法の考え方を持ち込むことは有用な手法であろうと思われる。なお，このような取引が I.R.C.§1091の射程から除かれていることからは，このような取引は売却と再購入が時間的に近接して生じるという理由だけで不適切とされる（condemn）わけではなく，追加的な諸要素（たとえば仲介人（intermediary）への売却や，再購入する合意のもとでの売却）によって実質を欠くことが証明される場合にのみ，不適切とされうることが示唆される。*Id.* 同様に，制定法の射程からは外れるが経済的実質を欠くかどうかや偽物かどうかといった原則に抵触すると課税上は無効とされうる類型として，株式，有価証券または株式もしくは有価証券を取得もしくは売却する契約もしくはオプション以外の財産に関する取引である場合，売却と再購入の間に経過する日数が30日より多い場合，置換えに用いられる有価証券が

V　第一部小括

　Wash sale，すなわち財産の売却と再投資を通じて見ると，納税者と財産との関係に変化がない一方で課税上の利得が生じるという場合は，取引を全体として観察すれば，同種の財産に対する納税者の投資が継続しているとみることができるかもしれない。しかし，何を以って投資の継続を判断するかをいうことは簡単ではない。たとえば売却による収益を納税者が利用することに制約がなく，納税者が再投資することを自発的に選択したような場合にまで売却と再投資を一体として見るべきなのか，納税者の意図や契約の形式が課税にどのように関わるかは，判然としない。

　第一部では，判例法上の wash sale とされた裁判例を紹介し，wash sale はその形式上は売却と（同種財産への）再投資であることを足がかりとして，交換か売却・再投資かが争われてきた I.R.C.§1031 に関する裁判例から示唆を得て，取引の前後で財産に対する納税者の投資が継続していることを課税上どのように考慮するか（あるいは考慮しないか，他の考慮要素で上書きをするか）を検討することを試みた。裁判例に基づくと，納税者が財産を売却し，その収益を同種の財産へ再投資する場合には，取引の形式や当事者の意図が交換であるか，売却・再投資であるかに関わらず，取引を全体として見れば財産に対する納税者の投資は取引前後で変わらないと判断しうる[113]。しかし，その中間段階で納税者が利得を制約なく得ている場合には，そのことを引き金として利得への課税が行われる。つまり，財産に対して取引の前後で値上がり・値下がりとも同じリスクにさらされていることよりも，利得の制約なき利用可能性が課税上強く考慮される。

　さらなる検討が必要な事項として，どのような場合に納税者が現金同等物

　　関連者によって購入される場合が挙げられている。*Id.* Wash sale に制定法外の法理で対処可能であるのならば，I.R.C.§1091 は確認規定なのか，また，I.R.C.§1091 がその射程を明確に区切った（損失のみを対象とすること，期間を61日としたこと，適用対象を株式または有価証券としたこと等）の意味や実益はどのようなことかが，改めて問われることとなりそうである。
113)　再投資する場合には納税資金の問題が生じうることを根拠として，利得または損失の繰延べを主張する議論について，前掲注（85）参照。

を手に入れるといえるか[114]，損失の制約なき利用可能性[115]を租税回避との関わりで課税上どのように考えるべきか，日本のクロス取引[116]についての課税上の取扱いへどのような示唆があるかといった点が挙げられる。

---

[114] See e.g. T. J. Starker v. U.S., 602 F.2d 1341（9 th Cir., 1979）.

[115] 利得に対して，いわゆる権利確定主義や管理支配基準めいたものを適用するかのような考え方をするのであれば，「損失の権利確定主義・管理支配基準」はないのだろうか。Wash sale，すなわち売却・再投資を行う取引では，益出しの場合と損出しの場合との違いは，売却と再投資の間に納税者が利用可能になるのが利得か損失かということのみである。なぜ益出しの場合には納税者の利得の利用可能性をとらえて利得に課税を行い，損出しの場合には納税者の損失の利用可能性を否定するのかは，制定法からも裁判例からも明確にできないように思われる。Horne判決（前掲注（33）参照）では，売却・再投資された財産が I.R.C.§1091の適用対象ではなかったのだから，率直に考えると損失の控除が認められるべきであったところ，投資の継続性が認定され，それゆえ取引の「実質」は同種財産の交換であると判断されて，損失の控除が繰り延べられたからである。これを指摘するものとして，See Bittker & Lokken, supra note 7, ¶44.8.1. そうすると，さらなる検討課題として，形式と実質をどのように判断するか（substance over form の問題）や，損失の控除の根拠を立法の恩恵に求めるといった損失の本質論からの検討の必要性といったことが浮かび上がる。

[116] 日本における法人税法上のクロス取引の取扱いについて，裁決および通達を検討し，課税要件法定主義の観点から論じるものとして，髙木直子「法人税法における有価証券の売買についての一考察——クロス取引における権利の移転を素材として——」青山ビジネスロー・レビュー7巻2号63頁（2018年）がある。なお，日本の法人税法上のクロス取引の取扱いは，法人税基本通達2-1-23の4において，「同一の有価証券［…］が売却の直後に購入された場合において，その売却先から売却をした有価証券の買戻し又は再購入［…］をする同時の契約があるときは，当該売却をした有価証券のうち当該買戻し又は再購入をした部分は，その売却がなかったものとして取り扱う」と定められている。また，注として，「同時の契約がない場合であっても，これらの契約があらかじめ予定されたものであり，かつ，売却価額と購入価額が同一となるよう売買価額が設定されているとき又はこれらの価額が売却の決済日と購入の決済日との間に係る金利調整のみを行った価額となるよう設定されているときは，同時の契約があるものとして取り扱う」こととされている。これに関して，非公開裁決事例（平成30年3月12日大裁（法）平29第58号）において，株式の売却および再購入が，①審査請求人と証券会社との間で締結された，株式の売却に係る委託契約と再購入に係る委託契約の締結時刻が，同時ではない，②証券会社はこれら委託契約をクロス取引ではなく別個独立の契約として取り扱っており請求人もそのことを知っていたと認められる，および，③株式の売却価額および購入価額はそれぞれの約定成立時の時価であった，という事情のもとで行われた場合には，再購入の同時の契約があったとはいえず，したがって，株式の売却益は益金の額に算入すべきと判断された。国税速報平成30年12月3日第6537号2-4頁参照。

［第一部補論］

An Act to provide for reconciliation pursuant to titles II and V of the concurrent resolution on the budget for fiscal year 2018（以下，第一部補論において Tax Cuts and Jobs Act という）によって，I.R.C.§1031が改正され，I.R.C.§1031に基づいて利得または損失が認識されないものとされる交換は，取引もしくは事業における生産の用途のためまたは投資のために保有される不動産（real property）に係るもののみとなった[117]。また，適用対象となる財産が不動産に限定されたことに伴う条文の整理も，あわせて行われた[118]。以下では，I.R.C.§1031 (a) に絞って，従前の規定内容，改正理由および改正後の規定内容を紹介する。

1 従前の規定内容

Tax Cuts and Jobs Act による改正以前は，I.R.C.§1031 (a)(1) は，取引もしくは事業における生産の用途のためまたは投資のために保有される財産（property）が，取引もしくは事業における生産の用途のためまたは投資のために保有されることが意図される同種の財産のみと交換される場合には，その交換に係る利得または損失は認識されないものとすることを定めていた[119]。また，I.R.C.§1031 (a)(2)(A)‒(E) で，I.R.C.§1031が適用されない財産が列挙されており，その中に，株式や有価証券が含まれていた[120]。つまり，I.R.C.§1031が適用される対象を，I.R.C.§1031 (a)(1) で「財産（property）」とひろく定めたうえで，I.R.C.§1031 (a)(2) において，例外

---

[117] I.R.C.§1031 (a)(1). Pub. L. No. 115-97, §13303 (a), 131 Stat. 2054, 2123 (2017).
[118] I.R.C.§1031 (a)(2), (e), (h), (i) に関する改正が行われた。Pub. L. No. 115-97, §13303 (b), 131 Stat. 2054, 2123-2124 (2017).
[119] Tax Cuts and Jobs Act による改正前の I.R.C.§1031 (a)(1) 参照。
[120] 改正前の I.R.C.§1031 (a)(2)(A)-(C) は，次のように定めていた。
　（2）例外――本サブセクションは，次に掲げるものに係る交換には適用されないものとする。
　　（A）主として売買のために保有される，取引されている株式（stock in trade）その他の財産
　　（B）株式，債券または手形
　　（C）その他の有価証券または，債務もしくは権利利益を示す証書

として，適用されない財産を定めていた。

2　改正理由

連邦議会下院の報告書によれば，I.R.C.§1031の改正は，Tax Cuts and Jobs Actにおいて，有形の動産（tangible personal property）および特定の建物の改良（certain building improvements）についての費用化（expensing）が拡張されることに伴って，I.R.C.§1031は主として売買目的で保有されるのではない不動産（real property not held primarily for sale）の交換に限定されるべきであるとして，行われた[121]。

3　改正後の規定内容

改正後のI.R.C.§1031（a）（1）では，改正前に「財産（property）」とされていた箇所がすべて「不動産（real property）」で置き換えられた[122]。さらに，これにあわせて，I.R.C.§1031（a）（2）において，主として売買目的で保有される不動産の交換には，I.R.C.§1031（a）の適用はないことが明示的に定められた[123]。

---

[121]　H.R. Rep. 115-409, at 255 (2017).
[122]　I.R.C.§1031 (a)（1）; Pub. L. No. 115-97, §13303 (a), 131 Stat. 2054, 2123 (2017).
[123]　I.R.C.§1031 (a)（2）; Pub. L. No. 115-97, §13303 (b)（1）(A), 131 Stat. 2054, 2123 (2017). なお,本改正の趣旨は，同種の交換の場合における利得または損失の不認識（nonrecognition）を定めた規定であるI.R.C.§1031の適用を，主として売買のために保有されるのではない不動産の交換に限定することであるとされる。See The Staff of The Joint Committee on Taxation, General Explanation of Public Law 115-97 (JCS-1-18) 184 (2018). 改正前の法に基づいて，非認識の取扱いをうけえた不動産は，改正後も引き続き非認識の取扱いをうけうることが意図されている。Id. at 184-185 (fn. 926).

第二部　株式貸借

I　問題意識

　第二部の目的は，株式貸借（いわゆる貸株取引，stock loan）において株式を貸し付けることは，株式の譲渡，すなわち株式の含み損益について所有者の変更を契機として所得課税を行う機会となると理論上[1]考えうるかについて，米国の議論を紹介し，日本の租税法における譲渡概念への示唆を得ることである[2]。株式貸借は，法律的には，株式の消費貸借と解されることが一般的である[3]。また，経済的（取引の態様といった意味と思われる）には，株式を所有しているが一時的に所有を不要とする者が，その間，それを必要と

1）　本書第二部は，あくまで所得課税における所有と譲渡の議論の理論的一貫性の問題として，株式「貸借」といわれてきた取引を課税の契機であると考える可能性があるかもしれないという着想に端を発し，その考察の足がかりとして，米国の法制度に日本への示唆を求めるものである。株式を貸し付ける者に譲渡所得課税を課すことの制度論的・実際的な望ましさや，株式貸借取引の実務上の取扱いについて論じるものではないことをお断りしておきたい。

2）　主として，株式貸借における株式の貸し手に対する，資産の譲渡に基因する課税をめぐる議論を行う。借り手の課税関係については取り扱わない。

3）　岩原紳作「貸株と自己株式の処分」岩原紳作ほか編著『会社・金融・法〔上巻〕』（商事法務，2013年）425頁，425頁参照。株式貸借取引の課税上の定義については，特定の債券現先取引および証券貸借取引に関して外国金融機関等が特定金融機関等から支払われる利子に所得税を課さないことを定める租税特別措置法42条の2が参考になる。同条は，1項柱書において「［…］次に掲げる有価証券に係る証券貸借取引（現金又は有価証券を担保とする有価証券の貸付け又は借入れを行う取引で政令で定めるものをいう。第十項において同じ。）［…］」と定める。また，同条の委任をうけた租税特別措置法施行令27条の2第2項は「法第四十二条の二第一項に規定する有価証券の貸付け又は借入れを行う取引で政令で定めるものは，有価証券を貸し付け，又は借り入れ，あらかじめ

する者に貸与して，同一価値の株式を当該期間経過後に返還してもらうことを約して株式の所有権を他者に譲渡するものといわれる[4]。

　第一部で取り上げた wash sale と，第二部で取り上げる株式貸借との違いは，財産の処分の有無の明確さである。Wash sale では，財産の処分が明確に 2 回（売却と再投資）行われるのに対して，株式貸借すなわち株式の消費貸借による移転では，株式の貸付けと返却が 1 回行われる。また，wash sale では，売却を行う者が再投資を行う必要は必ずしもないのに対して，株式貸借では，株式の貸付けのときに，借り手は同一価値の株式の返還を約するため，貸し手と株式との関係は，株式貸借の前後で変わらないことが想定されているといえよう[5]。株式の借り手は貸付けを受けた株式を自由に処分することができる（返却するという約定のもとで）という状況において，株式を「貸借」することは，貸し手にとって，自身の保有する株式の処分すなわち株式の含み損益についての課税の契機と考えられないかどうかが問題となる。

　約定した期日（あらかじめ期日を約定することに代えて，その開始以後期日の約定をすることができる場合にあつては，その開始以後約定した期日）に当該有価証券と同種及び同量の有価証券の返還を受け，又は返還をする取引で次に掲げる要件［...］を満たすものとする。」として，取引期間，清算および約定日の有価証券の時価に担保の金額の占める割合について要件を定める。なお，租税特別措置法42条の2について，渡辺徹也は「一定のレポ取引について所得税を課さない旨を規定するが，これは，債券の買戻または売戻条件付売買取引があったにもかかわらず，それがなかったとみなす規定であると考えることが可能である。」と述べて，「譲渡を課税上どう扱うかという場面」のひとつとして挙げる。渡辺徹也「赤字法人の思惑」佐藤英明編著『租税法演習ノート〔第2版〕――租税法を楽しむ21問』（弘文堂，2008年）257頁，270-271頁参照。本書全体の根底には，同様の問題意識，すなわち課税の契機である財産の移転およびその裏返しとしての財産の保有とは何かという問いがある。なお，tax ownership に関する後掲注（16）も参照。

4）　岩原・前掲注（3）425-426頁参照。
5）　前掲注（4）およびそれに係る本文参照。ただし，貸し付けた株式そのものとの関係ではなく，それと同一の（identical. 後掲注（45）参照）株式との関係である。株券不発行の場合に株式が区別可能かについては後掲注（9）参照。

Ⅱ　日本の実務上の取扱い

　日本における株式貸借への課税または非課税の理論的根拠[6]は必ずしも明らかではないが，実務上は，株式の貸付けのための移転時に，貸し手に対する課税は行われていないように思われる。一例として，国税庁ウェブサイトにおける質疑応答事例[7]では，金融商品取引業者が投資家から株券を一定期間借りうける株券貸借取引に，金融商品取引業者が株券を買い取る権利を付与する特約権取引を付加する場合について，特約権が行使され投資家が株券の返還に代えて金銭が支払われたときには，その時に当該株券の譲渡があったものとして譲渡所得の計算をし，特約権が放棄され投資家が貸し付けた株券と同種，同等，同数の株券の返還をうけたときには，当該株券の譲渡はなかったものとして取り扱ってよいか，という質問に対して，以下のような回答がなされている（下線部は筆者）。

　　「株券貸借取引は，金融商品取引業者が取引終了日に，投資家から借り受けた株券と同種，同等，同数の株券を投資家へ返還することを約する取引であり，その実態は「消費貸借」（民法587）であると認められることから，<u>金融商品取引業者の特約権の放棄により投資家が当該株券と同種，同等，同数の株券の返還を受けたときには，当該株券の譲渡はなかったものとして取り扱われます。</u>
　　一方，金融商品取引業者の特約権の行使により投資家が当該株券の返還に代

6） 日本における株式貸借の課税上の取扱いを検討し，*Provost* 判決および I.R.C.§1058に触れるものとして，笠原一郎「貸株取引（株券貸借取引）の課税問題について――その契約等の形態と課税要件からの検討を中心に――」青山ビジネスロー・レビュー2巻2号153頁（2013年）がある。同論文が主として，法人が行う株式貸借についての日本法における課税問題を論じるものである一方で，本書第二部は，I.R.C.§1058の立法史を参照することによって譲渡概念への示唆を得ることを目的とする。

7） 国税庁ウェブサイトにおける質疑応答事例「特約の付された株券貸借取引に係る特約権料等の課税上の取扱い」（https://www.nta.go.jp/law/shitsugi/joto/22/01.htm [最終確認日：2018年11月30日]）参照。なお，事前照会に対する文書回答事例（東京国税局）「貸株株券の返還請求権担保信託の税務上の取扱いについて」（https://www.nta.go.jp/about/organization/tokyo/bunshokaito/joto-sanrin/01/02.htm [最終確認日：2018年11月30日]）も参照。

えて金銭の支払を受けたときには，当該株券の譲渡があったものとして，譲渡による所得の収入すべき時期となります（措通37の10・37の11共-1（1））[8]。」

　質疑応答事例の説明によれば，この事例における投資家への課税の結果は，株券の貸付けのための移転の時ではなく返還の時に，貸し手である投資家が受け取るものが同種，同等，同数の株券であるか，それとも金銭であるかによって定まる。前者の場合は当該株券の譲渡はなかったと取り扱われ，後者の場合は当該株券の譲渡があったと取り扱われる。しかし，このような取扱いを直接に定めた実定法上の規定は存在しないと思われる。

III　I.R.C.§1058の立法趣旨

　日本における取扱いに対して，米国では，1978年に制定されたI.R.C.§1058において，特定の諸要件をみたす有価証券の移転（transfers of securities）に非認識（nonrecognition）の取扱いを与えて，その株式貸借から生じる含み損益は課税上計算に含めないことが定められた。

　以下では，株式貸借の法的性質を論じた米国連邦最高裁判所判決であるProvost v. U.S., 269 U.S. 443（1926），I.R.C.§1058の制定に至るまでの株式貸借に関する課税庁の見解，I.R.C.§1058の立法理由および規定の中味を順に述べる。なお，本書は，株式貸借（株券の発行があることを前提とする[9]）また

---

8) 前掲注（7）国税庁ウェブサイトにおける質疑応答事例「特約の付された株券貸借取引に係る特約権料等の課税上の取扱い」参照。
9) 株券貸借取引は，消費貸借または消費寄託にあたるとされる。前掲注（3）および（4）ならびに日本証券業協会「個人投資家向け株券貸借取引等の取扱いについて」（http://www.jsda.or.jp/shiryo/web-handbook/105_kabushiki/files/030415.pdf［最終確認日：2018年11月30日］）2-3頁参照。ただし，これは有価証券の一種である株券が紙媒体で存在することを前提とした考え方であり，振替株式制度のもとで株式貸借が消費貸借または消費寄託の形式をとることができるかどうかは必ずしも明らかではない。金融資産の口座振替システムのもとでは，「［…］権利移転を表す仕組みと言っても，現象としては口座記録の増減であるため，特定の金融資産が転々と移転していくという状況を表すというよりは口座記録が減額，増額され，結果として口座記録によって示されている分量の金融資産が，口座保有者である投資者に帰属するということが表されると

はそれを包含する概念としての有価証券貸借に的を絞り，制定法，裁判例および財務省規則に基づいた議論を行う。

1 *Provost* 判決

株式貸借は，典型的には空売りに付随して行われる[10]。ここでは，1926年に出された連邦最高裁判所判決である Provost v. U.S., 269 U.S. 443（1926）を紹介し，空売りの一部として説明された株式貸借の性質からどのような課税方法が導かれたかを述べる。この事件は印紙税（stamp tax）に関するものであるが，それでもなお，所得税についての先例としても位置づけられている[11]。

（1）空売りにおける株式貸借

Provost 判決で問題となったのは，空売りにおける，貸し手から借り手への株式の貸付けおよび借り手から貸し手への株式の返還における株式の移転が，1917年戦時歳入法および1918年歳入法において印紙税を課すことが定められていた「株式持分または株券の法的権原（legal title）についての，売

表現する方が正確であろう。」とされる。コーエンズ久美子「証券振替決済システムにおける権利の帰属と移転の理論——アメリカ統一商法典第8編の再検討を通して——」淺木慎一ほか編著『検証会社法　浜田道代先生還暦記念』（信山社，2007年）419頁，432頁参照。このようなシステムのもとでは，株式の取引は売却と購入を相殺した正味での決済となり，売却または購入される株式を個別に特定していないように思われる。また，日本では，「[...]上場会社について言えば，全てが振替株式とされていることから，貸株を行うときも株式の所有権を移転する以上は振替口座の間で株式譲渡の形で行わざるをえず（社債株式振替132条，140条），借株者が振替口座簿上の株主と扱われる（同143条）。」とされる。岩原・前掲注（3）441頁（脚注55）参照。これらのことに鑑みるに，振替株式の貸借が観念できるか，また，そもそも振替株式について貸付けと売買が区別されうるかには疑問が残る。なお，金融商品取引法では，株券に表示されるべき権利について，株券が発行されていない場合においても，当該権利を当該有価証券とみなす定めがおかれていることが特筆される。金融商品取引法2条1項9号および2項柱書。本書第二部は，株券が存在することを前提としていた制定法，裁判例および財務省規則等に基づく議論を行い，株券の不発行および株式の振替制度についてはこれらの指摘のみにとどめる。

10) Provost v. U.S., 269 U.S. 443, 450 (1926).

11) *Provost* 判決は印紙税に関するものであり，所得税についての判示はなされていない。それでもなお，本判決は所得課税の文脈でも妥当するとされる。I.R.S. Gen. Couns. Mem. 36948 (Dec. 10, 1976), 1976 GCM LEXIS 21, at 13-14 (*hereinafter* "GCM36948").

買,売買契約,売買もしくは引渡しの覚書または移転[12]」にあたるかどうかであった。

　連邦最高裁判所は,空売り（a short sale）を「売り手が所有していない株式または売り手の支配下にない株券を売り,［筆者注：ニューヨーク］証券取引所のルールに基づいて引渡しがなされねばならない時に引渡しができるようにする契約[13]」と定義した[14]。また,広義の空売り（the completed short sale）[15]は,通常は4つの別々の段階からなり,その各々において,売買またはownership[16]の法的要素すべての完全な移転があると述べた[17]。

---

12) *Provost*, 269 U.S. at 450.

13) *Provost*, 269 U.S. at 450-451. *Provost* 事件に関する限りでは,株式を売るブローカーは,売買のあった日の翌事業日に株券を引き渡さなければならないとされていた。*Id.* at 451. また,本件の原告納税者は,ニューヨーク証券取引所の構成員資格を持つ（with membership）株式ブローカーとして事業を営む共同経営者たち（co-partners）である。*Id.* at 449.

14) 日本の法人税法が定める空売り（61条の2第19項）は,空売りを行う者と株式の購入者との関係に焦点を当てており,株式貸借について明示的には触れていない点では,*Provost* 判決が行った空売り（a short sale）の定義と同様であるといえる。なお,*Provost* 判決が行った空売り（a short sale）の定義は,次に注（15）で述べる狭義の空売りを説明するものであると思われる。

15) *Provost* 判決では,狭義の空売り（所有または支配していない株式を売却する者とその株式の購入者との関係,すなわち本文のすぐ後で述べる段階分けの①および②をいう。判決文では original short sale と表現されている。*Provost*, 269 U.S. at 452.）と,広義の空売り（狭義の空売りに加えて株式貸借を含む関係,すなわち本文で述べる段階分けの①ないし④のすべてをいう。判決文では completed short sale と表現されている。*Id.* at 453.）とが区別されている場合がある。狭義の空売りにおいて,株式を借りて売る納税者は,空売りを終了（close）する目的で株式の貸し手に対して株式を引き渡すまで,空売りを手仕舞い（consummate）するとはみなされない。*See* Treas. Reg. §1.1233-1 （a）（1）. 広義の空売りにおける株式貸借は,借り手から貸し手への株式の返還によって終了される。*Provost*, 269 U.S. at 452-453. *Provost* 事件では,狭義の空売りを行う者と株式の借り手とが同じ者ではなく,また,狭義の空売りを行う者は誰から株式を借りたのか,株式の借り手は狭義の空売りを行う者に対してどのような法的形式（たとえば売買,貸借）で株式を移転したのかが明確でないため,狭義の空売りの終了と広義の空売りの終了とは必ずしも一致しないと思われる。

16) Ownership（tax ownership）とは,ある者が資産を私法上保有しているが,経済的実質に鑑みると,保有していると取り扱うのが課税上不適切な場合に,その資産を課税上保有しているといえる者に租税属性の利用を認める考え方である。酒井貴子「連結納税制度の日米比較――最近の米国連結納税制度の話題をふまえて」租税研究764号113頁,125頁（2013年）参照。Tax ownership は米国の判例法で発展した概念で,明確な定義や要件はなく,また,日本の民法が定める所有権とも異質な概念である（たとえば

Ⅲ　I.R.C.§1058の立法趣旨　49

　広義の空売りを構成する4つの段階には，(A) 株式の貸し手，(B) 株式の借り手，(C) 借り手の顧客で，ブローカーに空売りを行わせる者，(D) 空売りで株式を購入する者および (E) 空売りで株式を購入する者のブローカー，の計5者が関わる。4つの段階とは，①Cが空売りの基因となる株式売却を行い，のちに，その株式を購入するDのブローカーであるEに対して，借り入れた株式を表象する株券の権利の移転および交付を行う（狭義の空売り，the original short sale[18]），②AからBへ株式の権利を移転し，Bは，Cがその株式を用いて空売りで株式を交付できるようにする，③Bが，

株式や動産についても tax ownership は観念される）ため，日本の法律学の用語を用いて tax ownership を説明することは非常に難しい。法的権原（legal title）と ownership との関係に関して，法的権原は，ownership の移転があるかどうかを判断するにあたって考慮される要素のひとつである。株式の ownership に備わる性質（accoutrement）の移転を判断した裁判例として，Dunne v. Commissioner, T.C. Memo 2008-63 (2008), 95 T.C.M. (CCH) 1236がある。Dunne 判決は，連邦所得税の目的で株式の ownership（stock ownership）を判断するのは法的権原ではなく利益をもたらす ownership（beneficial ownership）である（settle）と先例に依拠して述べ，また，通常，利益をもたらす ownership が，ある者から別の者へと移ったと判断するためには，株式の ownership がもつ諸属性（attributes）について，株式の移転をうける者（transferee）が株式を移転する者（transferor）よりも多く取得するのはどの時点かを裁判所は決定せねばならない，と述べた。Dunne, T.C. Memo 2008-63, at 9. なお，Dunne 判決においては，ある者が連邦所得税の目的で株式の ownership に備わる性質を保有しているかどうかを決定するにあたって考慮されてきた属性として，計12の要素が挙げられている。いずれかの要素が必ずしも決定的であるわけではなく，要素の重みは，各々の事例を取り巻く事実および事情しだいであるとされる。具体的には，ある者が，(1) 法的権原または将来法的権原を得るための契約上の権利を有しているか，(2) 株式の譲受人から対価を得る権利を有しているか，(3) 株主であることの経済的な恩恵を享受し負担を被っているか，(4) 会社を支配する力を有しているか，(5) 株主総会に出席する権利を有しているか，(6) 議決権を有しているか，(7) 株券を占有しているか，または株券が自身のためのエスクローに保有されているか，(8) 会社の税の申告書において株主として記載されているか，(9) 自身の税の申告書において自身を株主として記載しているか，(10) 株主の地位を理由として支払うべき所得税額の補償をうけてきたか，(11) 会社の帳簿へのアクセスを有するか，(12) 自身が株式の所有者であると信じていることを自身の明白な行為によって示しているか，である。Id. at 11. Tax ownership に関する米国の論文を紹介するものとして，渕圭吾「所得課税における帰属（tax ownership）をめぐる研究動向」学習院大学法学会雑誌45巻1号173頁（2009年）がある。

17)　Provost, 269 U.S. at 453.
18)　狭義の空売りと広義の空売りについて，前掲注 (15) 参照。

Aへ返還する (repay the loan) ために必要な株式を購入する, ④BからAに対して, 借りた株式をAへ返還する (replace) ために購入された株式を表章する株券の権利の移転および交付が行われる, である[19]。①および③が売買または売買契約に該当して印紙税の課税をうけることは当事者間で争いがなく, 本件で課税の有無が問題となった移転は②および④である[20]。

(2) 判決の概要

②で行われた, 株式を貸し付けるための貸し手から借り手への移転の性質について, 連邦最高裁判所は「貸し手が株券を物理的に移転するやいなや, 借り手がそれら株券を自身の空売りの契約へ充当する [筆者注:株式の空売りを行う者へ引き渡す] 権利 (right) および権限 (authority) が完全に認識され, その株券を [筆者注:空売りにおける, 株式の] 購入者が受け取ることによって, その株式におけるownershipのすべての付随的権利 (incidents) が買い手へ移る[21]。」と述べた。

また,「このように契約が完了されると, 貸し手も借り手も, この取引の目的物であり [筆者注:空売りの] 買い手へ移転されて買い手の財産となる株式における権利利益 (interest) を保持[22]」しておらず, 貸し手は, 株式のownershipの付随的権利を,「借り手が貸し手に対して (personal) 専ら契約に基づいて負う義務, すなわち, 貸し手の要求に応じて, 株式の貸付けが行われなかった場合の株式所有者としての経済的立場へ貸し手を戻す義務と置き換えた[23]。」と述べた。

---

19) *Provost*, 269 U.S. at 453.
20) 空売りの他の重要な論点として, 空売りでは, ある株式を保有する納税者が当該株式と同じ種類の株式を空売りする時, または, ある株式についてそれを有さずに空売りを行った納税者が当該株式を取得する時に, 空売りから納税者が得る利得または被る損失が経済的な意味で確定する, つまり納税者は株式の価値変動から影響を受けなくなることが挙げられる (ボックス空売り)。I.R.C.§1259は, 納税者が有する株式の含み益をこの時に認識し, 保有期間もこの時から新たに開始することを定める (損失は認識されない)。ただし, この取扱いは, 納税者が株式を保有しなくなることを意味せず, あくまで利得の認識のみに関わる。本書第三部参照。
21) *Provost*, 269 U.S. at 455–456.
22) *Id.* at 456.
23) *Id.*

④で行われた，借り手から貸し手へ株式を返還する取引の性質について，連邦最高裁判所は，「借り入れた株式を返還するときは，借り手は購入または再度の借入れによって株式を取得し，その過程において，借り手も貸し手もそれ以前に有していなかった有価証券における法的な ownership のすべての付随的権利を取得して，貸し手へ移転する[24]。」と述べた。

以上のことから，結論として，「株式の貸付けのための移転も，借りられた株式の返還も，制定法で明白に述べられた諸条件のうちの（within the express terms of the statute）『株式の法的権原の移転』にあたる[25]」として，①および③のみならず，②および④についても印紙税を課すことが述べられた[26]。

（3）貸し手が行う取引の性質

Provost 判決における空売りでは，貸し手が貸付けのために借り手へ移転した株式の ownership は，一連の取引によって，空売りにおける株式の購入者が取得する。つまり，株式の貸付けによって，貸し手はその株式を終局的に手放す。また，借り手から貸し手への返還時に引き渡される株式は，この取引が行われる以前に貸し手が保有していたものではない。したがって，*Provost* 判決による株式貸借の定式に基づくと，貸し手は，自己が所有する株式を貸付けのための移転の時に譲渡し，借り手から株式の返還をうける時に別の株式を新たに取得する[27]。

---

[24] *Id.*

[25] *Id.*

[26] *Provost* 判決において，納税者はこの他に，1917年戦時歳入法と1918年歳入法の歴史および目的に鑑みるに，本件の株式の貸付けおよび借りられた株式の返還は課税されるべき移転であると意図されていないこと，また，これらの法律には貸し付けられた金銭の副担保（collateral security）としての株券の預入れを非課税とする但書があり，本件取引における株式の貸し手は金銭の借り手の立場にあるとしてこの但書の射程に入ることを主張したが，これらはともに退けられた。なお，後者について，連邦最高裁判所は「ゆるやかな，日常会話的な意味においてすら，株式の貸付けが『株券を引当てに貸し付けられた金銭の副担保として，その株券を預託すること』であるということはできない。」と述べた。*Id.* at 459.

[27] 借り手が株式を購入または借入れによって取得して貸し手へ返還するにあたって，借り手は，借り手も貸し手もそれ以前に有していなかった，有価証券における法的な ownership のすべての付随的権利を取得して貸し手へ移転するとされる。*Id.* at 456. 借

Provost 判決の考え方に従うと，株式の譲渡を契機とする含み損益についての所得課税なしに株式貸借を行うことはできないであろう。つまり，貸し手は，株式の貸付けのための移転を行う（1度目の譲渡）ことによって，貸し付ける株式の含み損益を実現すべきことになる。また，借り手から返還される（2度目の譲渡）株式には，もともと自己が所有していた株式とは異なる取得価額を付け，保有期間は返還の時から開始することとなる[28]。

2 制定前の状況

I.R.C.§1058制定時の議会資料[29]において，有価証券貸借取引（securities lending transactions）は，「有価証券の所有者が，自身の所有する有価証券をブローカーへ『貸し付け』，ブローカーは，有価証券の買い手へ期日までに引き渡す（make timely deliveries）ためにその有価証券を用いる[30]」ものとして説明されている。

有価証券貸借についてそれ以前に行われてきた解釈として，議会資料は，Rev. Rul. 60-177[31]，ニューヨーク証券取引所あてのPrivate Letter RulingおよびRev. Rul. 57-451[32]を挙げる[33]。Rev. Rul. 60-177では，株式貸借の期間中に，その貸付けに係る株式に関して貸し手が受け取る配当相等額の金銭について，貸し手はその株式のownershipを有していないため，特定の所得税の目的では，その配当相等額の金銭は配当ではないとされた。Private Letter Rulingでは，有価証券貸借は，連邦所得税の目的で認識される利得または損失（recognized gain or loss）を生じさせる財産の処分（disposition）ではなく，また，その株式についての貸し手の取得価額および保有期間に影

り手がすでに有していた株式を返還のために貸し手へ引き渡すことも可能であり，その場合は借り手については「それ以前に有していなかった」とはいえないが，それでもなお，貸し手が引渡しをうける株式は，貸し付けたものとは異なるといえよう。
28) 二度の譲渡があるとすると，貸し手と同様に，借り手についても課税の契機があることになろう。本書ではこれについては触れない。
29) S. Rep. No. 95-762, 95th Cong. 2 d Sess. (1978) (hereinafter "Senate Report").
30) Senate Report, *supra* note 29, at 3.
31) Rev. Rul. 60-177, 1960-1 C.B. 9 (1960).
32) Rev. Rul. 57-451, 1957-2 C.B. 295 (1957).
33) Senate Report, *supra* note 29, at 4.

響を与えないことが示された[34]。

　Provost 判決は印紙税に関する判決であり，また，空売りを取り扱う中で付随的に株式貸借に言及したことに対して，Rev. Rul. 57-451は，株式貸借で行われる株式の移転についての所得課税そのものを論じた[35]点に意義がある。Rev. Rul. 57-451では，株式を相手方へ預け入れ，相手方がその株式を第三者へ貸し付けることを認める納税者は，株式の処分を行ったのであり，制定法が定める非課税規定（ここでは I.R.C.§1036が定める株式と株式の交換）の適用をうけない場合は，その適用がないことが明らかになった時に株式の処分があるとして，納税者はその株式の含み損益について課税をうけることが明らかにされた[36]。

---

34)　*Id.* より詳細には，その Private Letter Ruling における有価証券貸借取引は「連邦所得税の目的で利得または損失を認識することとなる財産の処分（disposition）ではない。このような取引は，株式の売買または処分について利得または損失を決定する目的で，貸し手におけるその株式の取得価額にも保有期間にも影響しない。」と述べられた。*Id.* GCM36948は，この Private Letter Ruling は有価証券貸借を処分（disposition）ではなく真正な貸付け（loans）としており人々の誤解の源であると批判して，この結論について「法的に支持できない（legally unsupportable）」と述べた。GCM36948, *supra* note 11, at 17.

35)　William W. Chip, *Are Repos Really Loans?* 95 TAX NOTES 1057, 1061 (2002). ただし，Rev.Rul.57-451における株式は，restricted stock option に基づいて取得されたものであり，また，Rev. Rul. 57-451における「処分（disposition）」は I.R.C.§1001 (a) におけるものではなく，1954年内国歳入法典の421条（d）（4）におけるもの（売買，交換，贈与または法的権原の移転をいうが，I.R.C.§1036が適用される交換等は含まない）である。このことについて，Calloway v. Commissioner, 135 T.C. 26 (2010), *aff'd*, 691 F.3d 1315 (2012) の租税裁判所判決における Halpern 判事の補足意見では，Rev. Rul. 57-451は restricted stock option に基づいて受け取った株式の処分の有無を決定するという目的に限定して「処分」の定義を扱うものであり，個別の事情をこえて適用があるというには分析が不十分だという批判がなされている。*Calloway*, 135 T.C. at 52-53.

36)　このほか，株式貸借についての課税庁の判断で重要なものとして，I.R.S. Gen. Couns. Mem. 36948 (Dec. 10, 1976), 1976 GCM LEXIS 21 (GCM36948, *supra* note 11) がある。GCM36948は，Rev. Rul. 57-451とほぼ同様の事案について，取引の性質は有価証券の貸借（loan）ではなく交換（exchange）であること，また，本事案の取引では，借り手が契約に基づいて負う義務は，交換において性質および数量が実質的に異ならない有価証券の引渡しによって履行されることから，実現した利得の不認識を定める I.R.C.§1036をまつまでもなく，I.R.C.§1001に基づいて課税されるべき実現した利得または損失がないとして，交換において移転される株式の含み損益への課税がないことを述べた。さらに，種類または程度において実質的に異なる別の株式が引き渡されることに

このような状況のもとで，特定の有価証券貸借取引に関する正しい所得税の取扱いについて不確実性が生じているため，有価証券貸借を行おうとしない有価証券所有者がいること[37]，さらに，有価証券貸借取引が売買または交換かどうか，この取引を行うと貸し手の有価証券の保有期間が中断されるかどうかについて，課税庁がルーリングを出すことを拒否していることが述べられた[38]。

3 立法趣旨

I.R.C.§1058を制定する理由（Reasons for change）として，議会資料では，有価証券を保有する機関や個人による有価証券の貸付けを促進することが挙げられている[39]。有価証券の売買取引において，ブローカーは，買い手へ引き渡すための有価証券を売り手等から取得するのが遅れると，買い手へ引き渡して売買取引を完了することを目的として有価証券を借り入れなければならないことから，貸付けのために利用可能な有価証券の量が増えれば増えるほど，関連する市場ルールが定める（require）期間内にブローカーが買い手

よって，I.R.C.§1001に基づいて利得または損失が生じるとしても，I.R.C.§1036の要件をみたせば非認識の取扱いをうけることが示された。

37) Senate Report, *supra* note 29, at 3. I.R.C.§1058の制定と同時に，有価証券貸借市場における有価証券の重要な供給源である諸機関（たとえば年金ファンドのような非課税団体，オープンエンド型投資信託）が自由に有価証券の貸付けを行うことを妨げかねない障害となりうることがらに対処することを意図して，これら諸機関に適用される法律についても多数の改正がなされた。*See* Tax section of the New York State Bar Association, *Report of The Tax Section of The New York State Bar Association on Certain Aspects of The Taxation of Securities Loans and The Operation of Section 1058* (June 9, 2011) (http://old.nysba.org/Content/ContentFolders20/TaxLawSection/TaxReports/1239Rpt.pdf［最終確認日：2018年11月30日］), 5. たとえば，非課税団体が，通常行っている事業とは関連のない事業から総所得を得ると，「事業関連性のない所得（unrelated business income）」として課税をうける（I.R.C.§511(a)(1)）ところ，有価証券貸借取引から受け取る所得が事業に関連のない所得にあたるかどうかが不明確であったことから，I.R.C.§512(b)において，有価証券貸借取引に関連して生じる一切の所得および控除は，事業関連性のない所得の計算（I.R.C.§512(a)）から除外されることが確認された。これら周辺的な改正については，本書では省略する。

38) Senate Report, *supra* note 29, at 4.
39) *Id.* at 5.

へ有価証券を引き渡せない（fail）ことが少なくなるであろうと述べられた[40]。

また，「当委員会［筆者注：連邦議会上院財政委員会］は，有価証券の貸し手の適切な課税上の取扱いについて，現行の取扱い（existing law）を一般的に明確化することが望ましいと結論付けた[41]。」と述べられていることから，I.R.C.§1058は，課税庁がこれまで行ってきた取扱いを変更するためのものではなく，取引主体にかかわらず[42]これまで通りの取扱いがなされることを確認するための規定であると考えられる。

4　規定内容

I.R.C.§1058は，特定の諸要件をみたす契約に基づいて有価証券[43]を移転する納税者は，その有価証券を契約上の義務と交換する時，またはその契約上の義務を，納税者が移転した有価証券と同一の有価証券（identical securities）と交換する時に，利得も損失も認識しないものとすることを定める[44]。同一の有価証券とは，種類および発行者がまったく同じである（of the same class

---

40)　*Id.*
41)　*Id.* at 7.
42)　取引主体について，前掲注（37）参照。
43)　I.R.C.§1058における有価証券の定義については，I.R.C.§1236（c）における有価証券の定義（あらゆる法人の株式，法人における株券または持分証書，手形，社債（bond），債券（debenture），債務証書，上記のものにおける権利を示す証書または上記のものを予約（subscribe）または購入する権利を示す証書）が準用されている。I.R.C.§1058（a）。
44)　I.R.C.§1058（a）．貸付けのための移転の時には，貸し手が移転する有価証券と，借り手が負う義務とが交換され，返還のための移転の時には，借り手が負う義務と借り手が移転する有価証券とが交換される。I.R.C.§1058の適用にあたっては，貸付けのために移転される有価証券と返還のために移転される有価証券とが同一（identical，同じ種類および発行者であること。後掲注（45）に係る本文参照）であるかどうかが問題となるのであって，それぞれの交換において移転される有価証券と義務とが同一であるかどうかではない。この点で，ひとつの交換において移転される財産どうしの同一性を問題とする財務省規則1.1001-1条（a）と，I.R.C.§1058とでは，同一かどうかを判断する対象が異なると考えられる（ただし，有価証券貸借では，貸付けのための移転と返還のための移転とが同時でない場合があることから，その間の貸し手および借り手の法的地位を明らかにするために，借り手が負う義務という概念がとくに明らかに現れるにすぎないとも考えられる。すなわち，財産の移転が同時に行われる交換でも，一方当事者による財

and issue) 有価証券のことをいう[45]。利得も損失も認識されないため，この契約上の義務について，貸し手は移転した有価証券において自身が有していた取得価額と等しい取得価額をつけ，移転した有価証券について自身が保有していた期間を保有期間に含める[46]。

この取扱いがなされるのは，有価証券の貸付けが以下の要件をみたす契約に基づいて行われる場合である[47]。その要件とは，契約が，（1）移転したものと同一の（identical）有価証券を移転者［貸し手］へ返還することを定める[48]，（2）移転者［貸し手］による有価証券の貸付けのための移転に始まり，移転者［貸し手］に対する同一の有価証券の返還で終わる期間に，有価証券の所有者が受け取る権利を有するすべての利子，配当その他の分配に相等する金額が，移転者［貸し手］へ支払われねばならないことを定める[49]，（3）移転者［貸し手］が移転される有価証券について損失を被るリスクおよび利得を得る機会を減らさない[50]，というものである[51]。これは，

産移転と他方当事者が負う財産引渡義務との交換および，他方当事者が負う財産引渡義務と他方当事者による財産移転との交換が行われているけれども，両交換が時間的に近接しているために財産の移転のみが行われているように見えるだけである，と考える余地があるかもしれない）。なお，同じ種類および発行者の有価証券であっても区別可能であるとする考え方について，米国では，財務省規則1.1012-1条（c）（2）に基づき，納税者は有価証券の取得原価を個別法に基づいて決定できることが特筆される。つまり，同じ種類および発行者の株式であっても，個別に特定（identify）することが可能であると考えているのである。一方，日本では，所得税法48条および所得税法施行令105条に基づき，有価証券の取得価額は平均法により評価することが原則である。

45) Senate Report, *supra* note 29, at 7 (fn.4). 以下，本書第二部では，「同一」という言葉をこの意味で用いる。
46) Senate Report, *supra* note 29, at 7.
47) 有価証券貸借の期間中は貸し手がその有価証券を取り戻すことができないことを定める有価証券貸借は I.R.C.§1058が定める要件をみたすかどうかを争点とする裁判例が近年相次いだことから，I.R.C.§1058が脚光を浴びたことを付言しておきたい。Samueli v. Commissioner, 132 T.C. 37 (2009), *aff'd*, 658 F.3d 992 (9 th Cir. 2012); Calloway v. Commissioner, 135 T.C. 26 (2010), *aff'd*, 691 F. 3 d 1315 (11th Cir. 2012); Anschutz v. Commissioner, 135 T.C. 78 (2010), *aff'd*, 664 F.3d 313 (10th Cir. 2011). *Anschutz* 事件については，VPFCとの関係で，本書第三部Ⅲで詳しく取り扱う。*Calloway* 判決については前掲注（35）も参照。
48) I.R.C.§1058 (b)（1）.
49) I.R.C.§1058 (b)（2）. 有価証券貸借の期間中に，その有価証券の所有者が ownership を理由として受け取る権利を有するものをいう。Senate Report, *supra* note 29, at 7.

契約上の義務が，交換される有価証券と種類および程度において実質的に異ならないことを確保するためである[52]。さらに，契約は，I.R.C.§1058に基づいて財務省規則で定められる要件をもみたさなければならない[53]。

借り手が貸し手へ契約上の義務の履行において有価証券を移転する，すなわち，貸し手が借り手から有価証券を受け取る時も，貸し手は利得も損失も認識しない[54]。有価証券と，借り手が契約に基づいて負う義務との交換の場合のように，貸し手は返還される有価証券に取得価額を付け替え，保有期間をつなぎ合わせる[55]。

なお，I.R.C.§1058はレポ取引についての課税上の取扱いを変更することを意図するものではないことが特筆されている[56]。

---

50) I.R.C.§1058（b）（3）．移転される有価証券について，移転者すなわち貸し手が損失を被るリスクおよび利得を得る機会を減らさない例として，財務省規則案1.1058-2条 Example（1）で，次のような場合が挙げられている。AはXYZ社普通株（以下では「XYZ株」という）を1,000株所有している。Aは，自身のブローカーであるBに，XYZ株を売るよう指示する。BはXYZ株をCへ売る。売買の後に，Bは，AはXYZ株1,000株を表章する株券をBが決済日にCへ引き渡すのに間に合うように引き渡すことができないであろうと知る。Bは，第三者から株式を借りて引渡しを行うことを決める。この目的のために，Bは，XYZ株を大量に保有する非課税でない法人Dと書面で契約を行う。契約の内容として，（ⅰ）DはXYZ株1,000株を表章する株券をBへ移転すること，（ⅱ）BはDに，貸借期間中にXYZ株について支払われる配当その他の分配すべてに等しい金額を支払うこと，（ⅲ）XYZ株の市場価値の増減にかかわらず，BはDに，DからBへ移転されるXYZ株と同じ発行者（same issue）のXYZ株1,000株を移転すること，（ⅳ）BはDへ，5事業日前の通知があると（upon notice of 5 business days），同一の（identical）有価証券を返還すること，を約定する。このような場合には，XYZ株の市場価値の変動にかかわらず，BはXYZ株1,000株を返還する義務を負うので，BとDによる契約は，Dが損失を被るリスクまたは利得を得る機会を減らさない。Prop. Treas. Reg. §1.1058-2 Example（1），48 Fed. Reg. 33912-01（July 26, 1983），1983 WL 118362 (F.R.)，33913.

51) ただし，財務省規則が定める要件に，I.R.C.§1058の施行日に証券取引委員会によって認められている通常の商業慣行と調和しないものを含めてはならない。Senate Report, *supra* note 29, at 7.

52) *Id.*

53) I.R.C.§1058（b）（4）．

54) Senate Report, *supra* note 29, at 8.

55) *Id.*

56) *Id*（fn. 5）．有価証券を担保とする金銭貸借が有価証券の売付けおよび再購入として構成されるものを"repurchase agreement"としており，その課税上の取扱いの例と

5 要件をみたさない取引の取扱い

I.R.C.§1058が定める諸要件をみたさない株式貸借の取扱いは,財務省規則案(proposed regulation)[57]において示されている。有価証券の移転について,I.R.C.§1058の適用をうける(comply with)ことを意図したが,その契約に基づく義務がI.R.C.§1058(b)および財務省規則案1.1058-1条(b)の要件をみたさないためにI.R.C.§1058の適用をうけない場合は,有価証券の最初の移転時,すなわち貸付けのために行われる貸し手から借り手への移転時に,I.R.C.§1001および財務省規則1.1001-1条(a)に基づいて,利得または損失が認識される[58]。

借り手の義務が契約に従って履行されない場合,たとえば貸付けのための移転はI.R.C.§1058(b)および財務省規則案1.1058-1条(b)の要件をみたす契約に従って行われたが,契約に基づいて移転されたのと同一の(identical)有価証券を借り手が貸し手へ返還できない場合は,借り手が契約に基づくのと同一の(identical)有価証券を返還できない日その他の借り手の義務が履

してRev. Rul. 77-59, 1977-1 C.B. 196(1977)が挙げられている。Rev. Rul. 77-59では,信託と銀行による,銀行が信託へ米国財務省債その他の債券を,信託が銀行へそれに見合う金銭をそれぞれ移転し(「売買」),また,その後の特定の日に,銀行が信託へその金銭と利子を,信託が銀行へこの債券をそれぞれ移転する(「再売買」)取引について,銀行の帳簿における信託の口座に有価証券が貸方記入されていない,有価証券を銀行以外の者が所有していることを示す証拠がない,信託は有価証券の市場価値の変化からも貸付金に係る利率の変化からも影響を受けない,という事情のもとで,先例(Rev. Rul. 74-27)に基づき,この「売買」および「再売買」は債券によって担保される信託から銀行への金銭貸付けであると判断された。

57) 規則案(proposed regulation)とは,行政が制定する規則の草案で,解説(comment)に利害関心をもつ当事者の間で読まれる(circulate)ものである。*Regulation Definition*, Black's Law Dictionary(9 th ed. 2009), *available at* Westlaw Online.

58) Prop. Treas. Reg. §1.1058-1(e)(1), 48 Fed. Reg. 33912-01(July 26, 1983), 1983 WL 118362(F.R.), 33913. I.R.C.§1058では,有価証券と借り手が負う義務とが交換されることが前提とされているため,I.R.C.§1058が定める諸要件をみたさない株式貸借に財務省規則1.1001-1条(a)またはI.R.C.§1036は必ずしも適用されず(株式と借り手が負う義務との交換は実質的に異なるものどうしの交換であり,また,同じ会社の普通株どうしまたは優先株どうしの交換ともいえないためである),課税をうけないために納税者が用いることのできる唯一の確実な手段はI.R.C.§1058そのものであり,財務省規則案1.1058-1条(e)はそのことを確認する規定であるとされる。*See* Chip, *supra* note 35, at 1062.

行されない日に，利得または損失が認識される[59]。

Ⅳ　日本への示唆

　*Provost*判決およびI.R.C.§1058における株式貸借の取扱いでは，貸し手への課税の有無を判断する要素として，貸付けの目的物である株式を借り手が処分（disposition）[60]できることが考慮されていた。以下では，株式の移転における株式の権利の移転の観点から，株式貸借とレポ取引の場面における日本の課税について，多少の考察を行う。

　なお，すでに述べたとおり[61]，米国では，I.R.C.§1058はレポ取引の課税上の取扱い（有価証券を担保とする金銭の貸付け）に影響を及ぼさないことがその制定時に明らかにされている。しかし，有価証券を処分する権利に着目することなくレポ取引は一律に金銭の貸付けであるとする取扱いは，米国で批判があるところである[62]。また，日本の裁判例では，レポ取引は売買・再売買，すなわち有価証券の処分がある法的形式であると判断されている[63]。それゆえ，目的物を処分する権利の移転という観点からレポ取引を見直すことには意義があるといえよう。

1　株式貸借

　I.R.C.§1058およびその財務省規則案に基づくと，米国における株式貸借の課税は，株式貸借では貸し付けられる株式の含み損益が貸し手において実現する機会となりうることを背景として，その実現した利得または損失を不認識とする規定の適用があるかどうかを検討することによって行われる。つま

---

[59]　Prop. Treas. Reg. §1.1058-1（e）（2），48 Fed. Reg. 33912-01（July 26, 1983），1983 WL 118362（F.R.），33913.

[60]　Dispositionの意味および，dispositionに「処分」という訳語を当てることについて，本書2頁（問題の所在注（8））参照。

[61]　本書第二部Ⅲ4参照。

[62]　後掲注（67）および（76）参照。

[63]　東京高判平成20年3月12日金融・商事判例1290号32頁，原審東京地判平成19年4月17日判例時報1986号23頁。

り,I.R.C.§1058は,譲渡および実現の本質的な議論を前提として,特定の諸要件をみたす株式貸借から生じる利得または損失については課税の計算上認識しないことを定める規定であるといえる。

　一方で,日本における株式貸借取引の実務上の取扱いは,株式貸借において貸し付けられる株式と返還される株式が同種,同等,同数であれば,譲渡はなかったものとする,というものである[64]。本書で取り上げた米国における株式貸借の議論を参照すると,この取扱いに対しては,(1)借り手による株式の処分を認めることについて,課税の観点からの検討が加えられていない,(2)同種,同等,同数の株券の返還をうける場合は課税しないという取扱いの根拠として,種類および程度において実質的に異ならない株式どうしの交換では実現がないとする米国財務省規則1.1001-1条(a)[65]に類似するルールが,不文の課税規範として採用されているように思われる[66],といった指摘が可能である。

2　レポ取引

　株式貸借からは,いわゆるレポ取引が容易に想起される。しかし,I.R.C.§1058についての考え方を日本におけるレポ取引[67]の課税上の取扱いに持ち

---

[64]　本書第二部Ⅱ参照。
[65]　財務省規則1.1001-1条(a)は,ある財産と,種類または程度において実質的に異なる別の財産との交換から実現される利得または損失が,所得または損失として扱われることを定める。I.R.C.§1001(a)は,財産の売買その他の処分(disposition)から生じる利得は,処分から実現される金額が利得を算定する目的でI.R.C.§1011が定める調整取得価額をこえる部分とすること,また,処分から生じる損失は,損失を算定する目的でI.R.C.§1011が定める調整取得価額が実現される金額をこえる部分とすることを定める。実現された利得または損失は,I.R.C.§1001(c)に基づいて,別段の定めがない限り認識(recognize)される。同種財産の交換と実現の問題については,のちにCottage Savings Association v. Commissioner, 499 U.S. 554 (1991)において,交換される財産が「実質的に異なる」ことの意味を連邦最高裁判所が解釈したことが特筆される。*Cottage Savings*事件の詳細については,本書76頁(第三部注(50))参照。
[66]　この取扱いは,日本における同種資産の交換に係る非課税規定の射程が狭いためであるとも考えられよう。
[67]　レポ取引について,菅野浩之・加藤毅「現先取引の整備・拡充に向けた動きについて〜グローバル・スタンダードに沿った新しいレポ取引の導入〜」日本銀行マーケット・レビュー2001年9月号,No. 01-J-9 (https://www.boj.or.jp/research/wps_rev/

込むことができるかどうかは，I.R.C.§1058と日本におけるレポ取引の考え方とでは有価証券のownershipまたは権利の移転をどのようにとらえるかの判断枠組みが大きく異なるため，なお一考を要する。I.R.C.§1058は，有価証券の移転（transfers of securities）一般を法的形式にかかわらずとらえて規律するものである。これに対して，日本では，レポ取引は売買・再売買か，それとも有価証券を担保とする金銭の貸付けかという取引の法的形式の決定が重要とされ，有価証券の権利の移転はそれら取引の法的形式を支える事実と考えられているにすぎないように思われる。

判断枠組みの相違点について，日本におけるレポ取引の裁判例（住友信託銀行レポ取引事件，東京高判平成20年3月12日金融・商事判例1290号32頁，原審東京地判平成19年4月17日判例時報1986号23頁）に即してごく簡単に指摘しておきたい。本件の高裁判決は，レポ取引を「有価証券取引の一類型であり，一般的には，当初売買する有価証券と同種・同量の有価証券を将来一定価格で再売買するとの条件の下で，当該有価証券を売買し，その後に当該有価証券と同種・同量の有価証券を当該一定価格で再売買する取引[68]」と定義し，本件で行われたレポ取引は売買および再売買取引か，有価証券を担保とする金銭の貸付けかについて，本件レポ取引で行われた基本契約の沿革および内容に基づき前者であると判断して，次のように述べた。

---

mkr/data/kmr01j09.pdf［最終確認日：2018年11月30日］）1頁は，「広義レポ取引」という用語を用いており，その定義について「広義レポ取引とは，『債券と資金を相互に融通する取引』一般を指し，（債券担保の）資金取引，（現金担保の）債券調達のいずれにも利用されている。」と述べる。株式貸借において，借り手が担保として金銭を差し入れる場合は，この広義レポ取引と同様の経済的実質を持ちうることに留意する必要があろう。米国では，レポ取引と，金銭を担保とする有価証券貸借について，キャッシュフローが同じであるにもかかわらず，これら取引の目的および沿革ゆえに課税上の取扱いが異なる（米国では，レポ取引は有価証券を担保とする現金貸借として，有価証券貸借はその有価証券のownershipの移転すなわち有価証券の譲渡として，それぞれ取り扱われる）ことを批判して，代替可能（fungible）な有価証券のownershipは統一商事法典第8章が定めるセキュリティ・エンタイトルメントに基づいて決定すべきとする議論がある。*See* Reid Thompson and David Weisbach, *Attributes of Ownership*, 67 Tax L. Rev. 249 (2014).

[68] 東京高判平成20年3月12日前掲注（63）金融・商事判例1290号35頁。

「……レポ取引には資金調達的な面があることは確かであるが,レポ取引には債券の調達に資する面もあり,顧客に対して,空売りを行った債券ディーラーが,取引の決済日までに債券を調達するために,他者から債券を一時的に購入するということにも使われるから,金融機能的側面とともに,債券売買市場の流動性の確保も経済的機能としては考慮されるべきであり,これらを売買及び再売買という法律構成の下で実現しようとしているものであるから,私的自治の作用する取引関係において当事者が上記のような法律形態を選択して取引関係に入り,その法律形態に特段不合理なものがない以上,その契約関係を基本にして解釈すべきものであって,本件各レポ取引において,買主［筆者注:売買時の買主であり,再売買時の売主］がエンド取引［筆者注:再売買取引］において有する再譲渡価格相当額の代金債権は,あくまでエンド取引時において,売主［筆者注:売買時の売主であり,再売買時の買主］に対して対象債券と同種・同量の債券を移転することと引換えに再譲渡価格相当額の代金の支払を請求する権利を意味するものである[69]。」

本書第二部で行ってきた検討からは,本判決について以下の2つの点が指摘できる。第一に,本件の争点は,レポ取引は売買および再売買取引(納税者が主張)か,それとも有価証券を担保とする金銭の貸付け(課税庁が主張)かであって,有価証券貸借という取引構成に基づく主張および裁判所による判断は行われていない。それは,納税者の観点からは,レポ取引では倒産隔離を達成するために売買・再売買の形式が選択されてきた[70]ためであり,また,課税庁の観点からは,本件で行われたレポ取引に(事件当時の)所得税法161条6号に基づいて課税するためには,レポ取引において納税者が受け取った金銭が,同号にいう「貸付金(これに準ずるものを含む。)」にあたると主張せねばならないためであると思われる。

債券の所有権については,本件で行われたレポ取引を規律する基本契約において,買主に対して債券の譲渡および権利の移転が行われることが明確に

---

[69] 東京高判平成20年3月12日前掲注(63)金融・商事判例1290号43頁。
[70] 同上。レポ取引を売買・再売買という法形式で行う理由として,担保付貸付けと判断されることの防止に加えて,金銭の貸付けと別に担保権設定手続きを行う必要がないという簡便性も挙げられている。

定められている[71]。本件の地裁判決は，このことは，本基本契約に基づいて行われるレポ取引で売買および再売買という法的形式が採用されていることを明らかにするものであると述べた[72]。課税庁は，取引される債券に関して，債券が買主に売却されていなかったならば売主が受領できた収入金が買主から売主へ支払われねばならないことに基づいて，買主に債券の完全な所有権が移転していないことを理由のひとつとして挙げて，本件レポ取引は買主から売主への金銭の貸付けであると主張した[73]。

上記で引用した判決文で述べられているような，レポ取引が債券調達に資するという側面を重視すると，本件で行われたレポ取引は，金銭貸借と有価証券貸借という別個の2つの取引と構成される余地があったと考えうる[74]。有価証券の所有権の移転は，売買および再売買取引のみならず有価証券貸借取引でも生じる[75]ため，有価証券の所有権の移転があるからといって，それのみによって売買および再売買取引であるという結論を導くことはできない。このように構成する場合は，有価証券貸借への課税または非課税の根拠

---

[71] 東京地判平成19年4月17日前掲注（63）判例時報1986号33頁。
[72] 同上。
[73] 同上。なお，控訴審では，「［…］収入金支払条項は，［…］対象証券の所持人に対して収入金が支払われた場合において，レポ取引の買主が，その収入金を受領したか否かに関係なく売主に対して当該収入金相当額を支払うことを定めているものであって，同条項の存在と対象債券の所有権の帰属とは切り離されており，売主が対象債券についての果実収取権を失うことを前提に，一定の要件の下で，買主が売主に対して対象証券の収入金相当額を支払うことを定めたものと解することができ，債券の所有権が買主に完全に移転していることと整合するものであるから，控訴人らの上記主張は理由がない。」として，課税庁の主張は退けられた。東京高判平成20年3月12日前掲注（63）金融・商事判例1290号42頁。
[74] Chip, *supra* note 35, at 1063 において，レポ取引の法的構成としてとりうる案のひとつとして，現金貸借プラス有価証券の交換（loan plus exchange, 現金取引を有価証券取引から分離し，前者を貸付け，後者を I.R.C.§1058 が適用される交換と取り扱う）が示されている。日本には米国の I.R.C.§1036（普通株どうし・優先株どうしの交換の場合の非課税）に相当する規定が存在しない一方で，質疑応答事例（前掲注（7）参照）に基づけば，株式貸借で同種・同量の株式が返還される場合は貸し手は課税をうけないことに鑑みるに，前述の Chip による案を日本にあてはめる場合には，交換ではなく有価証券貸借とする方が適切であるように思われる。なお，いわゆる利子に相当する金銭について，売買・再売買と構成する場合と，金銭貸借および有価証券貸借として構成する場合とでは，所得分類が異なると考えられる。
[75] 岩原・前掲注（3）参照。

として，I.R.C.§1058のような，非課税と取り扱われる有価証券貸借の要件を定める規定が必要となろう。

第二に，本判決では，当事者が選択した法的形式の尊重を理由として，売買および再売買取引とする取扱いが認められた。レポ取引の目的物である債券の所有権の移転は，本件レポ取引は売買・再売買という法的形式であるという判断に付随する結果にすぎない。このように法的形式を重視する日本の判断方法と，レポ取引では目的物である有価証券のownershipの移転がないため，有価証券の売買ではなく有価証券を担保とする金銭貸借であるとする米国の判断方法[76]とでは，そもそも解釈の土台が異なる。

V 第二部小括

本書第二部は，米国における株式貸借の課税について，I.R.C.§1058の制定以前の判例および課税庁による取扱いに触れ，I.R.C.§1058を紹介した。これらに共通する考え方は，株式貸借取引において，貸付けをうける株式を借り手が処分することを認める場合は，株式のownershipの移転があり所得課税の契機となりうることであった。I.R.C.§1058は，有価証券の移転の法的形式にふれることなく，移転による所有者の変更に基因して生じうる利得または損失を課税の計算上含めないことを定めた規定である。

株式貸借取引の課税における取扱いからは，日本において租税法上の譲渡またはownershipの概念が観念できるか[77]，また，日本において，譲渡はあるが課税しない（米国法における，実現した利得の不認識）ことをどのように根拠づけるかといった，課税におけるファンダメンタルな問題が垣間見える。

---

[76] 米国におけるレポ取引の課税上の取扱いについて，Rev. Rul. 77-59, *supra* note 56を参照。ただし，レポ取引の先例とされる諸裁判例では，取引の目的物である有価証券のownershipをもとの所有者が維持していることが前提とされているため，有価証券のownershipがもとの所有者からレポ取引における買い手を通じて第三者へ移転される取引をもそれら裁判例が規律すると考えるのは困難であることが指摘されている。See Chip, *supra* note 35, at 1061; Thompson and Weisbach, *supra* note 67, at 266-268.

[77] 私法をはなれた税法上のownershipを観念する場合，租税法律主義との葛藤が問題となる。渡辺・前掲注（3）270-271頁および酒井・前掲注（16）126頁参照。

第三部 ボックス取引

I 問題意識

　第三部は、I.R.C.§1259[1]を日本に紹介し、課税のタイミングを決める要素である譲渡[2]と関連づけて考察するものである[3]。I.R.C.§1259は、納税者が保有する株式等について、納税者が一定の条件をみたす諸取引を行うと、その株式等が売買される場合と同様に含み益が実現して利得が生じたものとみなして課税を行うことを定める。

　第一部で取り上げた wash sale および第二部で取り上げた株式貸借と、ボ

---

1) I.R.C.§1259を紹介するものとして、阿部雪子『資産の交換・買換えの課税理論』（中央経済社、2017年）73頁がある。

2) 譲渡は「有償であると無償であるとを問わず所有権その他の権利の移転を広く含む観念」であるとされる。金子宏『租税法［第21版］』（弘文堂、2016年）241頁参照。最判昭和43年10月31日集民92号797頁は、「譲渡所得に対する課税は、［...］資産の値上りによりその資産の所有者に帰属する増加益を所得として、その資産が所有者の支配を離れて他に移転するのを機会に、これを清算して課税する趣旨のものと解すべき」とする。本書第三部は、「資産が所有者の支配を離れ」ることの意味内容を明らかにすることに資する。

3) 日本における金融所得課税の文脈で、損失の実現を選択的に引き起こす問題に触れるものとして、たとえば吉村政穂「金融所得課税の一体化」金子宏編『租税法の基本問題』（有斐閣、2007年）351頁、372-375頁参照。これに対して、I.R.C.§1259は、損失ではなく利得の課税時期の選択的実現を扱う。なお、金融商品等に関する実体法上の問題としては、課税時期の変更のほか、所得種類の変更、所得の帰属者の変更および所得源泉地の変更がある。佐々木幸男「金融取引の展開と課税上の問題点─基本問題の検証と執行・税法等のあり方を中心として─」税務大学校論叢56号1頁、18-22頁（2007年）参照。金融取引は投資先を変更するための取引費用が比較的かからないため、課税のあり方が取引に対して与える影響が大きい。中里実「金融革命の進行と租税法」租税法研究24号1頁、2頁（1996年）参照。

ックス取引を始めとする第三部で取り上げる諸取引との違いは，法的な意味での譲渡の有無である。Wash sale および株式貸借では，ともに法的な意味での財産の譲渡が行われる[4]。これに対して，I.R.C.§1259が規律する諸場面では，納税者は，ある財産を保有する状況で，その保有する財産の値上がりおよび値下がりの可能性をなくすことを目的として，その財産に関するデリバティブ契約を締結する。それゆえ，納税者が保有する財産そのものの法的な譲渡があるとは言い難い。また，そのようなデリバティブ契約の締結を財産の保有と結びつけて，保有している財産の含み損益についての課税の契機といってよいかどうかは，必ずしも明らかではない。

租税法における実現主義とは「保有する資産の価格変動については，それが譲渡される時を待って課税の対象とする[5]」原則で，「①課税のタイミング（いつ課税されるか），②課税の対象となる金額（いくら課税されるか），③課税の対象となる者（誰に課税されるか）にそれぞれ関係する概念[6]」である。上記の理解による実現主義の下で，譲渡は，課税がそもそも生じるか，生じるとすればそれはいつかを決めるものであるため，いつ財産の譲渡がある（といえる）かは，課税の結果に大きな影響を及ぼす。

しかし，譲渡がいつあるのかは，必ずしも明らかでない場合がある。また，私法に依拠した概念として譲渡を考える場合，そのような譲渡と課税の契機が一致する必要はないかもしれない。第三部で検討する I.R.C.§1259は，法的には財産が納税者の所有を離れたとは言い難い場合に，譲渡があるときと同様の課税を行うことを定める。I.R.C.§1259が定める課税方法の探究は，譲渡所得の課税の契機にはどのような要素が織り込まれるかという問題の考察に資するだろう。以下，第三部では，I.R.C.§1259の制定によって特定の諸取引への課税がどのように変化したかを検討し，I.R.C.§1259の意義と残され

---

4) 本書第一部および第二部ですでに述べたとおり，wash sale では売却と再投資という2度の売買が行われるのが典型である。また，株式貸借は法的には消費貸借と構成され，目的物である株式の譲渡があるとされる。本書43頁（第二部注（3））参照。
5) 岡村忠生・酒井貴子・田中晶国『租税法』（有斐閣，2017年）49頁（岡村執筆部分）参照。
6) 渡辺徹也「実現主義の再考—その意義および今日的な役割を中心に—」税研147号63頁，63-64頁（2009年）参照。

た課題を考察する。

II I.R.C.§1259の立法趣旨

1 ボックス空売りの課税

　I.R.C.§1259が定める課税方法を検討する準備として，まず，ボックス空売り（short sale against the box）取引を紹介しよう[7]。ボックス空売りとは，空売り（short sale）を行う納税者が，空売りを行うにあたり借りて用いたものと同一の財産（box）を実際に所有しているが，自身の所有する財産を直ちに売買する意思をもたない場合のことをいう[8]。I.R.C.§1259が制定されるまでは，空売りの課税上の取扱いが，ボックス空売りにも同様に適用されていた[9]とされる。

7）　I.R.C.§1259の立法は，1995年に行われた巨額のボックス空売りが契機とされる。*See* Floyd Norris, *New Tax Law Takes Aim at Estee Lauder*, N. Y. TIMES（Aug. 06, 1997），http://www.nytimes.com/1997/08/06/business/new-tax-law-takes-aim-at-estee-lauder.html.［最終確認日：2018年11月30日］Simon D. Ulcickas, *Internal Revenue Code Section 1259: A Legitimate Foundation for Taxing Short Sales Against the Box or a Mere Makeover?* 39 WM. & MARY L. REV. 1355（1998），1365-1367によれば，この取引は，Estee Lauder 社の大株主である創業家家族間で同社株式の貸借とボックス空売りを行ったもので，株式を借りて売った者が亡くなるまでボックス空売りを終了しないと意図していたとされる。本取引が示した課税上の問題点として，ボックス空売りの課税時期の他に，身内からの有価証券の借入れが可能であること，ボックス空売りからの収益を引き出せる投資家と引き出せない投資家がいること，I.R.C.§1014（納税者が死亡時に保有していた株式の取得価額が死亡の日の公正市場価値へステップ・アップすることを定める）に対する手当てが必要であること等が指摘される。*Id.* at 1389-1393.

8）　*See* Kevin M. Keyes, FEDERAL TAXATION OF FINANCIAL INSTRUMENTS & TRANSACTIONS ¶16.03（2017），available at Westlaw FTFIT WGL. ある取引が空売りか納税者の保有している株式の売買かは，しばしば問題となってきた。例えば Wilmington Trust Co. v. Commissioner, 316 U.S. 164（1942）では，ある証券会社に複数の口座を開設して取引を行う納税者について，株式の売買は空売りか，それとも他の口座で保有する株式の売買かが問題となり，連邦最高裁判所は，口座の性質は，外見上のまたは証明された納税者の意図およびその口座が実際に管理されていた方法にてらして決定されるべき事実問題であると述べた。*Wilmington Trust Co.*, 316 U.S. at 167. *See also* Rev. Rul. 72-478, *infra* note 9.

9）　*See* Marvin A. Chirelstein and Lawrence Zelenak, FEDERAL INCOME TAXATION（14th ed.）（FOUNDATION PRESS, 2018），at 374; *see also* Rev. Rul. 72-478, 1972-2 C.B. 487

しかし，納税者が"box"を所有していることで生じる効果を考えることなく，ボックス空売りを空売りの一種と判断してよいかどうかは，必ずしも明らかではない。そこで，空売りを行う場合の課税を紹介し，これがボックス空売りにもあてはまるといえるかどうかを検討する。

連邦最高裁判所の定義によれば，空売りとは「売り手が所有していない株式または売り手の支配下にない証券を売る契約であって，［筆者注：ニューヨーク］証券取引所のルールに従って引渡しがなされなければならない時に引渡しのために用いることができるようになっているもの[10]」である。内国歳入法典では空売りは明示的には定義されていない[11]が，空売りから生じる利得および損失について定める I.R.C.§1233 の目的では，空売りとは，売買における引渡しを行うために納税者が財産を借り，それを売買における買い手へ引き渡す場合をいうとされる[12]。

空売りの課税上の取扱いについて，次の2点が財務省規則および裁判例でそれぞれ指摘されてきた。第一に，空売りは未完了の取引（open transaction）であるとの取扱いをうける[13]。すなわち，所得税の目的では，

(1972)；Rev. Rul. 73-524, 1973-2 C.B. 307 (1973)．Rev. Rul. 72-478では，証券会社を通じて空売りを行う納税者が，ある有価証券について short のポジションを信用取引口座に有し，同時に，long のポジションを同じ証券会社の別の口座に有している場合は，有効な空売りであり，終了するために財産を引き渡すまでは完了とみなされないとされた。Rev. Rul. 73-524は，ボックス空売りを手仕舞いする前に納税者が死亡し，その後，納税者が有していた株式を用いて取引が終了された場合は，空売りに用いるために株式が引き渡される時に取引が完了されること，引き渡される株式の取得価額は納税者の死亡の日におけるその株式の公正市場価値（または遺言執行者の選択により，代替となる評価日におけるその株式の公正市場価値）であることを述べた。

10) Provost v. United States, 269 U.S. 443, 450-451 (1926)．事案については本書第二部 III 1 を参照。ただし，*Provost* 事件で言及された空売りに，ボックス空売りを含む意図があるかは明らかではない。また，The Staff of The Joint Committee on Taxation, General Explanation of Tax Legislation Enacted in 1997 (JCS-23-97) 172 (1997) [hereinafter Bluebook] は，空売りを「納税者が，例えば株式といった財産を借りて売り，同一の財産を貸し手へ返すことでその売買を終了する場合」とのみ述べる。

11) *See* Jasper L. Cummings, Jr., *Short Sales: The Basics*, 141 TAX NOTES 517, 522 (2013).

12) *Id.* at 523. 納税者は借りたのと同一の財産を所有し（own）かつ保有（retain）していてもよいことも述べられている。*Id.*

13) 財産と交換される金額が不確定である契約で，その契約における請求物（contract

財産を借りて空売りを行う納税者が空売りを終了（close）するために貸し手へ財産を引き渡すまで，空売りが手仕舞い（consummate）されないとみなされることが規定されている[14]。第二に，空売りに係る利得または損失は，空売りと，空売りを終了するために行われる財産の購入とを突き合わせて確認されねばならない[15]。これらの課税上の取扱いは，空売りを行う納税者はその目的のために借りた株式と同数の株式を買い戻して貸し手へ返すまでは利得を得るか損失を被るかが分からず，また，返すために購入する時の株式の価額によってその利得または損失の正確な金額が決まると考えられてきた[16]ことに由来する。

I.R.C.§1259の制定までは，空売りを行う納税者が，取引の対象とする財産

---

claim）に確認可能な公正市場価値がない場合は，"open" transactionであるとみなされ，取引から生じる利得（または損失）は即時には認識されない。See Chirelstein & Zelenak, supra note 9, at 381. 納税者の投資が完全に取り戻されて利得または損失を最終的に決定することが可能になるまでその認識を繰り延べることで，評価の問題を避ける。Id. at 38. 後掲注（102）およびそれに係る本文も参照。

14) Treas. Reg. §1.1233-1 (a) (1).

15) Bingham v. Commissioner, 27 B.T.A. 186 (1932). 本件では，納税者が証券会社に信用取引口座としてlongとshortの口座を開いて取引を行う場合に，株式の空売りの結果として生じる利得または損失の算定にあたり，空売りに先立って購入されたlongの株式と比べてよく，かつ比べなければならないかが問題となり，課税庁は，本件の空売りは以前に納税者が購入していた株式の普通の売買（ordinary sales）であると主張して，先入先出法を用いて利益を算定した。租税訴願庁は，Provost判決を参照して，売られるものを売り手がまだ取得していないことが空売りの本質であると述べて，空売りを普通の売買と取り扱った課税庁はその性質を見誤っていると指摘した。また，空売りでは顧客と証券会社の口座がともに未決済のままであり，貸し手へ返すための株式の購入によって空売りにおける債務が履行されるまでは何の利得も損失も存在しないとして，空売りに関する利得または損失は，shortで売った収益と空売りを終了するための財産の購入とを比べて確認されねばならないと判示した。

16) 1919-1 C.B. 60, 62 (1919).（Solicitor's Memorandum Section 212, Article 23: Bases of Computation.）（強調は省略。）空売りを行う納税者は株式を借りて取引を行うため，棚卸計算できる株式を有さず，また，請求に応じて特定の財産を現物で返す債務は棚卸できるとは解されないことから，損失を被るか利得を得るかは株式を購入して貸し手へ返すまで分からないとする。また，空売りの課税上の取扱いに関しては，財務省規則1.1012-1条（c）の要件をみたせば，有価証券の取得原価を個別法に基づいて決定できる点も特筆される。取得価額に関して，後掲注（152）も参照。これに対して，日本では，有価証券の取得価額は平均法によることが原則である。所得税法48条および所得税法施行令105条。

を保有しているかどうかで,課税の差異はなかった[17]。しかし,単なる空売りと,ボックス空売りとでは,リスクが異なる。前者の場合は,生じうる利得の最大は借りた財産を売って得た利得と取引終了時に引き渡す財産の取得に要した費用との差額であり,損失の最大はわからない一方で,後者の場合は,財産の価額の変動にかかわらず,借りた財産を売る時に,取引で得られる金額が定まりうる[18]。

その理由は,ボックス空売りでは,納税者が同一の株式についてlong[19]とshortの両方のポジションを有する[20]ためである。例えば株式が値上がりする場合は,longのポジション(納税者が保有する株式)の価値が上がり,それと同じ金額だけshortのポジション(空売り)の価値が下がる[21]。つまり,ボックス空売りを行う納税者は,借りた株式を売る時に,市場におけるその株式の値動きに影響を受けなくなる[22]。この状況は,自身が保有する株式を

---

17) 前掲注(9)に係る本文参照。
18) 前提として,納税者は現物決済を行い(現金決済や差金決済は行わない),利得を最大化するように行動するものとする。なお,空売りでは,ポジションに係る財産の保有期間(holding period)も論点となる。例えば,ボックス空売りは,ある有価証券について,短期譲渡所得を長期譲渡所得へ,または長期譲渡損失を短期譲渡損失へリスクなしに変える手段として用いられることがある。I.R.C.§1233(b)および(d)がこれを規律する。I.R.C.§1233の保有期間ルールについて,Boris I. Bittker & Lawrence Lokken, FEDERAL TAXATION OF INCOME, ESTATES AND GIFTS, ¶57.7.1 (2017), *available at* Westlaw FTXIEG 参照。みなし売買に係る保有期間ルールはI.R.C.§1259(a)(2)(B)および(c)(3)が定める。本書は,保有期間に関する議論は以上のことを指摘するにとどめて割愛する。
19) 対象の資産が値上がれば利得を得る可能性があり(upside potential),かつ値下がれば損失を被るリスクがある(downside risk)立場をlongといい,逆に,値上がれば損失を被るリスクがあり(upside risk),かつ値下がれば利得を得る可能性がある(downside potential)立場をshortという。*See* Kevin Dolan & Carolyn DuPuy, *Equity Derivatives: Principles and Practice*, 15 VA. TAX REV. 161, 168 (1995). 対象の資産を所有している場合も,それが値上がれば利得を得る可能性があり,かつ値下がれば損失を被るリスクがあることから,longという。*Id.* at 170. なお,ポジションとは,金融商品等における資産・負債状況のことを指す。住友信託銀行市場金融部編『デリバティブキーワード280』(きんざい,2000年)391頁参照。
20) *See* Chirelstein & Zelenak, *supra* note 9, at 374.
21) *Id.* 株式が値下がりする場合は,逆の現象が生じる。*Id.*
22) *Id.* Ulcickas, *supra* note 7, at 1361-1362は,互いに相殺し合うポジションを納税者が有していることをボックス空売りの目的と関連づけて,次のように説明する。「ボックス空売りは,そのメカニズムとしては単純な空売りと同じだが,重要な例外がひとつあ

売却する場合に等しい。

2 規定内容

I.R.C.§1259は,値上がりした金融ポジション（appreciated financial position）の売買を行ったとみなせる（constructive sale, 以下では「みなし売買」という）ときは,そのポジションがみなし売買の日の公正市場価値で売買,譲渡その他の保有を終了されるかのように,納税者は利得を認識するものとすることを定める[23]。損失が発生する場合は,I.R.C.§1259によっては認識されない[24]。

る。投資家がボックス空売りを行うとき,その者は short で売られた有価証券,または,それと類似し,かつ信用取引を行うことのできる有価証券を所有しているが,すでに所有している有価証券［…］を引き渡すのではなく,第三者から同一の有価証券を借りることを選ぶ。その結果,その者は同じ有価証券において long と short の両方のポジションを作り出し,それによって,あらゆる価格変動をヘッジする。その者は,その有価証券の市場価格の変動に伴って損失を被るリスクおよび利得を得る機会を,すべて取り除いてしまったのだ。空売り（short selling）は,投機,ヘッジおよびタックス・プランニングに動機づけられる。しかし,ボックス空売りの主たるインセンティブはヘッジとタックス・プランニングである。」

[23] I.R.C.§1259（a）（1）.保有を続ける株式の取得価額は,空売りの日の公正市場価値となる。See Bittker & Lokken, supra note 18, ¶57.8.2. I.R.C.§1259（a）（2）（A）は「このようなポジションに関してのちに実現されるあらゆる利得または損失の金額において,［筆者注：I.R.C.§1259（a）（1）］によって考慮されるあらゆる利得のために適切な調整がなされるものとする」と定める。

[24] 損失が発生する場合はI.R.C.§1259の適用がないと考えられるが,その理論的な根拠は明らかには示されていない。立法資料は "The bill requires a taxpayer to recognize gain (but not loss) upon entering into a constructive sale of any appreciated position in [...]" とのみ述べる。See S. REP. NO. 105-33, at 123 (1997) [hereinafter S.R.]. Rev. Rul. 2002-44, 2002-2 C.B. 84 (2002) は,損失は取引の終了時まで認識されないことを確認している。Rev. Rul. 2002-44における納税者は,第1年度の1月に,XYZ株100株を借りて市場で売るようブローカーへ指示する。納税者はXYZ株をまったく所有していない。同年度の12月31日に,納税者は空売りを終了するためにXYZ株を購入するようブローカーへ指示し,その購入されたXYZ株は,第2年度の1月4日に貸し手へ引き渡される。空売りで損失が生じるのは,XYZ株の購入時の時価が,XYZ株を借りて売った時の時価よりも高い場合である。この場合は,納税者が有する空売りのポジションの価値が下がる。財務省規則1.1233-1条（a）（1）に基づき,空売りを終了するためにXYZ株が引き渡されるまで,空売りは完了されない。Tは第1年度の12月31日にXYZ株を取得したと取り扱われるが,これは第2年度の1月4日まで空売りを終了するために引き渡されないので,納税者は第2年度の1月4日までは空売りに係る損失を

みなし売買を行ったとされる取引とは，I.R.C.§1259 (c) (1) が定める諸取引，すなわち，納税者が値上がりした金融ポジション[25]の要件をみたす状況で行われる，同じまたは実質的に同一の財産の空売り (a short sale of the same or substantially identical property)[26]，同じまたは実質的に同一の財産に関する相殺的な想定元本契約[27]および，同じまたは実質的に同一の財産を引き渡すための先物または先渡契約[28]である。このうち，先渡契約と相殺的な想定元本契約は，I.R.C.§1259 (d) で定義されている。先渡契約は，実質的に定まった量の財産（現金を含む）を，実質的に定まった金額で引き渡す契約をいう[29]。相殺的な想定元本契約とは，あらゆる財産に関して，一定の期間中その財産に係る投資利回り（値上がりを含む）のすべてまたは実質的にすべてを支払わねばならないこと，および，その財産の価値におけるあらゆる値下がりのすべてまたは実質的にすべての償還をうける権利を付与することを含む取決めをいう[30]。また，あらゆる財産に関する空売り，相殺的な想定元本契約，先物契約または先渡契約である値上がりした金融ポジションについて，その財産と同じまたは実質的に同一の財産を取得することも，みなし売買と取り扱われる[31]。なお，これらと実質的に同じ効果を有する取引について規則を定める権限が，連邦財務省に付与されている[32]。

　実現しない。なお，購入時の時価が空売りの時の時価より低い場合は，後述のI.R.C.§1259 (c) (1) (D) に基づくみなし売買が生じるため，納税者はI.R.C.§1259 (a) (1) に基づき，第1年度の12月31日に空売りに係る利得を実現する。
25) I.R.C.§1259 (b) (1).
26) I.R.C.§1259 (c) (1) (A).
27) I.R.C.§1259 (c) (1) (B).
28) I.R.C.§1259 (c) (1) (C).
29) I.R.C.§1259 (d) (1). ある量の財産の引渡しを定める先渡契約で，契約の条件で引き渡す財産の量に重大な幅があることが前提とされているものは，みなし売買とはならない。See S.R., *supra* note 24, at 125-126.
30) I.R.C.§1259 (d) (2).
31) I.R.C.§1259 (c) (1) (D). I.R.C.§1259 (c) (1) (A) ないし (C) は，対象財産の取得が取引に先立つ場合であり，I.R.C.§1259 (c) (1) (D) は，対象財産の取得が取引におくれる場合である。
32) I.R.C.§1259 (c) (1) (E). 財務省規則で定めることが期待される取引として，Senate Reportはcollar取引（納税者が，定まった価額 ("call strike price") で金融ポジションを売らねばならないオプションを与え，それより低い定まった価額 ("put

I.R.C.§1259におけるポジション（position）は，先物契約，先渡契約，空売りまたはオプションを含む，契約者たる地位や利害関係（interest）と定義されている[33]。値上がりした金融ポジションとは，株式，債務証書またはパートナーシップの持分に関するあらゆるポジションで，そのポジションを公正市場価値で売買，譲渡その他の処分をすると利得が生じるであろうものをいう[34]。納税者は，I.R.C.§1259（c）（1）が定める取引を行うと，値上がりした金融ポジションのみなし売買（constructive sale）を行ったと取り扱われる[35]。

I.R.C.§1259が利得の認識を早めることを定める理由の背景として，財務省は「例えばボックス空売りでは，納税者にはshortで売られた株式に関して損失を被るリスクおよび利得を得る機会がないが，課税の目的では，その納税者はその株式を処分したと扱われない[36]」点を挙げる。I.R.C.§1259は，納税者が経済的なリスクおよび見返りを手放す時，すなわちボックス空売りを通じて株式の処分と経済的に等しい利得を得ることが確定した時をとらえて課税を行う目的で，利得を認識するタイミングを従前よりも早めることを定めた。I.R.C.§1259の目的は，通常の売買とボックス空売りは同様の経済的効果をもたらすことに着目して，これら取引の課税のタイミングを一致させることである。納税者による取引形式の選択に関して課税が中立であるという意味で，I.R.C.§1259は課税における公平に資するかもしれない。しかし，I.R.C.§1259の適用場面では，空売りで財産を売る時には，納税者の所有する

---

strike price") で自らのポジションを買わせる権利をもつこと）を挙げる。See S.R., *supra* note 24, at 126. 例えば現在100ドルで取引されている株式について，put strike priceを95ドル，call strike priceを110ドルとするcollarを行うと，納税者は110ドルをこえる利得および95ドルを下回る損失をうける権利のすべてを移転できる。*Id.* at 126-127.

33) I.R.C.§1259（b）（3）.
34) I.R.C.§1259（b）（1）.
35) I.R.C.§1259の制定の際にボックス空売りが念頭におかれていたことは，議会資料等から明らかである。See e.g. S.R., *supra* note 24, at 123. 前掲注（7）も参照。
36) Department of The Treasury, GENERAL EXPLANATIONS OF THE ADMINISTRATION'S REVENUE PROPOSALS 72-73 (1996), https://www.treasury.gov/resource-center/tax-policy/Documents/General-Explanations-FY1997.PDF ［最終確認日：2018年11月30日］［hereinafter General Explanations］.

財産の譲渡は（少なくとも法的には）ないことから，財産の譲渡を基因として保有する資産の価格変動をとらえる実現主義と緊張関係が生じうる。

3　課税のタイミングの変化

ボックス空売りへの課税を考えると，I.R.C.§1259の［1］制定前と，［2］制定後では，課税をうける利得の金額は変わらない[37]。また，［3］ボックス空売りを行わず財産を市場で売って保有を終了する場合と比較しても，課税をうける利得の金額は変わらない。

これらの場合で異なるのは，課税のタイミングである。たとえ課税をうける利得の金額が等しいとしても，課税されるタイミングが異なれば納税者の負担は異なるだろう[38]。取引のどの段階で課税が行われるかという観点からは，［1］では空売りを手仕舞いする時[39]，［3］では財産を売却する時[40]に課税が行われるため，課税の時点では取引や財産の保有が終了している。一方で，［2］では，I.R.C.§1259 (c) (1) の条件をみたす空売りを行うと，I.R.C.§1259 (b) (1) の要件をみたすポジション（例えば含み益のある株式）が処分されるかのように利得が認識される[41]ことから，空売りが手仕舞いされておらず，納税者による株式の保有も継続している状況で，納税者が保有する株式の含み益に相当する金額の利得について課税が行われる。I.R.C.§1259が［1］や［3］と異なるのは，納税者が保有する財産の含み益に財産の譲渡が行われる前に課税を行うことによって，利得の認識のタイミングを早める点である。

---

37) I.R.C.§1259 (c) (1) (A) に基づくみなし売買の場合も，I.R.C.§1259 (c) (1) (D) による場合（すなわち空売りが財産の取得に先立つ場合）も，同様の課税の結果が生じると考えられる。

38) 課税のタイミングにより納税者の負担が異なる理由として，例えば金銭の時間的価値が挙げられる。発生主義と実現主義の対比において，課税のタイミングの差は税負担に差をもたらすことを具体例で説明するものとして，Edward A. Zelinsky, *For Realization: Income Taxation, Sectoral Accretionism, and The Virtue of Attainable Virtues*, 19 CARDOZO L. REV. 861, 915-918 (1997) がある。

39) Treas. Reg.§1.1233-1 (a) (1); *Bingham*, 27 B.T.A. at 190.

40) I.R.C.§1001 (a), (c).

41) I.R.C.§1259 (a) (1).

4　実現主義における位置づけ

　次に，実現に関する代表的な裁判例を紹介し，それらが実現をどのような文脈でどのように述べたか，I.R.C.§1259の課税方法はどのような点で実現に示唆を与えるかを論じる。

　米国では，実現（realize）の文言は制定法に含まれる[42]。実現に関する初期の裁判例としては，まず Eiser v. Macomber[43]が挙げられる。Macomber 判決は，納税者が受け取った株式配当が所得として課税されるかどうか，および，この課税の根拠である1916年の歳入法の合憲性が争われたものである。連邦最高裁判所は，財産に由来する所得とは，財産から生みだされ，交換可能な価値を有する利得または利益で，資本から分離され引き出されて入ってくるもの，すなわち納税者が自身の独立した使用・収益・処分のために受け取るまたは引き出すものである[44]と述べ，配当が金銭または財産で支払われるときにのみ，株主は分離され自身の財産となる利益または利得を実現し資本からの所得を引き出す[45]のであるから，株式配当を受け取った株主は所得を実現（realize）していないと判示した[46]。

　しかし，その後の一連の連邦最高裁判所判決を経て，今日では，実現は必ずしも所得に課税するための憲法上の要請ではないと考えられることが多いように思われる[47]。その根拠とされる連邦最高裁判所判決としては，

---

42) I.R.C.§1001（a）．I.R.C.§61（a）（3）は何が総所得に含まれるかを定めるのみであり，実現の定義は不明瞭である。また，I.R.C.§1001は利得および損失の算定方法を定める。したがって，実現は主として間接的に現れるものであると指摘されている。*See* Bittker & Lokken, *supra* note 18, ¶40.1.

43) Eisner v. Macomber, 252 U.S. 189 (1920). 石島弘『課税権と課税物件の研究』（信山社，2003年）172頁は，「*Macomber* 判決のデシデンダイは，憲法上所得とは，所得を生みだす資本より分離され実現された利得でなければならないから未分離の資本増加価値は所得を構成せず所得税課税の対象にはならない，という点であった」と述べる。

44) *Macomber*, 252 U.S. at 207. 強調は省略した。

45) *Macomber*, 252 U.S. at 209.

46) *Macomber*, 252 U.S. at 212.

47) このほか，実現に対する批判として，例えば Haig と Simons による伝統的な所得の定義にそぐわないという指摘もある。*See e.g.* David Elkins, *The Myth of Realization: Mark-to-Market Taxation of Publicly-Traded Securities*, 10 FLA. TAX REV. 375, 378-379 (2010).

Helvering v. Bruun[48]，Helvering v. Horst[49] および Cottage Savings Association v. Commissioner[50] が挙げられよう[51]。*Bruun* 判決では，利得が取引において納税者が受け取った財産の価値の一部であるという事実は実現を否定するものではないこと，および，課税されるべき利得を認識するため

---

48) Helvering v. Bruun, 309 U.S. 461 (1940). 本件の納税者は，土地およびその上に建つ建物の貸し手である。借り手は元々あった建物を取り壊して自ら新たな建物をその土地に建てた。一定の条件をみたせば借り手が建物を取り壊して新築してもよいこと，リース期間終了後には建物およびそれに施した改良は納税者へ引き渡されることが取り決められていた。本件で争われたのは，賃料等の不払いに起因するリース契約の解除によって，土地および貸借期間中に借り手が新築した建物の所有を納税者が回復した場合に，新たな建物の公正市場価値に等しい金額が納税者の所得として課税されるかどうかである。連邦最高裁判所は，本文で挙げたことのほか，利得の実現は資産の売買に由来する現金の形態である必要はないことは決着済みであること，事業上の取引の結果として納税者は新しい建物が上にある土地を取り戻し，その建物は土地の価値に確認可能な金額を付加したことを述べて，納税者は土地を取り戻した年に利得を実現したと判示した。

49) Helvering v. Horst, 311 U.S. 112 (1940). 本件では，社債を保有する納税者がその社債に係る利札を満期（maturity）前に切り取って息子へ贈与し，利札に係る支払いは贈与と同一年度内に息子が受け取って申告した場合に，利札に関して息子が受け取った金額を納税者に所得として課税することができるかが問題となった。連邦最高裁判所は，納税者が金銭または財産で所得の支払いを受けない場合でも，すでに発生していた経済的利得の成果を得る最後のステップが踏まれる時には実現が生じうると述べ，所得を処分する力は所得の所有と同等であることから，その力を行使して他者へ所得の支払いを受けさせることは所得の享受であり，それゆえ，その力を行使する者による所得の実現であるとして，納税者への課税を認めた。

50) Cottage Savings Association v. Commissioner, 499 U.S. 554 (1991). 本件における納税者は，連邦住宅貸付銀行理事会（FHLBB）による規制を受けていた貯蓄貸付組合（S&L）である。金利の上昇のために価値が下落した抵当貸付け（mortgage）を多く保有していた納税者は，FHLBB が Memorandum R-49 において，自己保有の抵当貸付けと他者が保有する実質的に同一の抵当貸付けとの交換で生じる損失を記録しなくてよいと定めたことから，252の抵当貸付けにおける90％の参加権（participation interest）を4つの S&L へ売却し，同時に，これらの S&L によって保有されている305の抵当貸付けにおける90％の参加権を購入した。問題は，本取引で生じる損失の控除が課税上認められるかである。連邦最高裁判所は，交換された財産に「実質的な意味をもつ差異がある（materially different）」，すなわち財産が法的に区別される権利を含むかぎりで財産の交換で実現の機会が生じるという，I.R.C.§1001 (a) の解釈を示した。そのうえで，取引で交換された参加権は別々の債務者に貸し付けられ，また，別々の住宅が保証する貸付けに由来することを根拠として，交換された interest は法的に区別される権利を含んでいたと認定し，納税者は交換の時に損失を実現したと判示した。なお，交換と実現に関して，本書60頁（第二部注（65））も参照。

51) もっとも，未実現の利得に対する課税との関係で各判決をどのように位置づけるかは，論者によって異なると指摘されている。石島・前掲注（43）151-152頁参照。

には，利得を生じさせる改良と元々の資本とが必ずしも分離（sever）できねばならないわけではないことが述べられた[52]。さらに，*Horst* 判決では，実現が執行上の便宜に基づくものであることが明確に述べられた[53]。*Bruun* 判決と *Horst* 判決は，実現した利得のみが所得であるという考え方をともに形式的には踏襲しているが，*Bruun* 判決では利得の資本からの分離がないこと，*Horst* 判決では利札の移転に伴って生ずる満足に着目して所得の実現を認めていることに鑑みるに，それぞれで用いられる実現概念は *Macomber* 判決におけるそれを著しく拡大するものであるとされる[54]。さらに，*Cottage Savings* 判決では，「交換された2つの財産のそれぞれの所有者が，性質または程度が異なる法的権利を享受するかぎり，内国歳入法典の適用において『実質的（material）』な意味をもつ『差異』がある[55]」という原則が示され，I.R.C.§1001（a）における実現の要請の根底にある執行上の目的のためにはこれ以上要求の厳しい基準は必要ではない[56]と判示された。

かりに実現主義が憲法上の要請ではないとすると，たしかに，立法によって，実現とは異なる課税のタイミングを定めることは可能であろう[57]。しかし，対象を限定して未実現の利得に課税を行うと[58]，そのような重課される

---

52) *Bruun*, 309 U.S. at 469.
53) *Horst*, 311 U.S. at 116.（"The rule [筆者注：that income is not taxable until realized], founded on administrative convenience, is [...]"）なお，金子は，*Horst* 判決について「特に注目されるのは，本判決が，実現を『課税に適する事件』（taxable event）としてとらえ，行政的便宜に基づくものであると述べていることである。これは，実現を所得の要素と見るマッコンバー判決のカテゴリカルな考え方を放棄ないしは否定したものと理解することができるであろう」と述べる。金子宏「租税法における所得概念の構成」金子宏『所得概念の研究』（有斐閣，1995年）1頁，70-71頁参照（初出：法学協会雑誌83巻9・10号（1966年），85巻9号（1968年），92巻9号（1975年））。
54) 金子・前掲注（53）67-71頁参照。
55) *Cottage Savings Association*, 499 U.S. at 564-565. なお，実現の要請の根底に執行上の目的があることを述べる部分で，*Horst* 判決（*Horst*, 311 U.S. at 116）が引用されている。*Cottage Savings Association*, 499 U.S. at 559.
56) *Cottage Savings Association*, 499 U.S. at 565.
57) 判例にのみ言及したが，「立法の中にも，その後，マッコンバー判決の法理とは両立しないと見られる規定が，現れるようになった」とされる。金子・前掲注（53）71頁。
58) 例えば対象を限定した mark-to-market 課税を行うと，どのポジションが適用対象となるかの線引きが必要になる。*See* Clarissa Potter, *Mark-to-market Taxation as the*

領域から実現主義に基づいて課税される領域へ納税者が資源を逃すという非効率や不公平が生じると考えられる[59]。だからといって,実現主義を完全に廃することは,発生主義が抱える評価や資金調達といった問題[60]を考慮すると実際的ではない。このような見方をとると,実現主義は憲法上の原則としてはたしかにひどく蝕まれているが,執行上の便宜のためのルールまたは立法の寛大さとしては,ほぼ損なわれないままである[61],という擁護がなされよう[62]。

納税者と財産との関係の観点から上述の諸判決を捉え直すと,*Macomber* 判決では,株式配当があったとしても株主たる納税者が法人に対して有する私法上の利益は変化していない[63]のに対して,*Bruun* 判決および *Horst* 判決では,納税者はそれぞれ建物の取得や利札の満期により,財産に対する納税者のリスクが変化する。また,*Cottage Savings* 判決では,交換の前後でそれぞれの抵当貸付けに含まれる法的権利が異なること[64],つまり交換の前後で納税者のリスクが変化することが,課税を生ずべき理由として明確に述べ

Way to Save the Income Tax-A Former Administrator's View, 33 VAL. U. L. REV. 879, 887 (1999).
59) *See* Zelinsky, *supra* note 38, at 915. Zelinsky は,新たな金融取引がその他の経済から隔離されてアプローチされる場合は発生主義が妥当な課税方法だが,このような金融取引は流動性が高いため隔離して考えることは不可能であり,発生主義的な課税を行おうとしても,実現主義に基づいて課税される投資形態へ資本が移るだけだと指摘する。*Id.* at 956.
60) 発生主義については,(1)毎年申告するという執行上の負担,(2)毎年資産の価値を決定することの困難さとコスト,(3)発生したが未実現の利得に係る税を支払う資金を調達する困難が生じうること,が課題とされてきた。*See* Department of The Treasury, BLUEPRINTS FOR BASIC TAX REFORM 81 (1977). なお,普通株その他の公開市場で取引される有価証券には,年度末の評価を行うことに伴うコストまたは困難さがほぼないだろうことが述べられている。*Id.*
61) *See* Bittker & Lokken, *supra* note 18, ¶ 5.2.
62) ただし,実現は執行上の便宜に根ざすから憲法上の要請ではない,とは必ずしもいえないと思われる。岡村忠生「マッコンバー判決再考」税法学546号49頁,51頁(2001年)は,*Cottage Savings Association* 判決における審理をもとに,「実現を *Macomber* からの要請と捉えることと,その内容が『執行上の便宜』に基礎づけられていることとは,決して論理的に背反し合うものではない」と述べ,憲法上の要請としての実現と執行上の便宜としての実現は両立しうるとの見解をとる。
63) 岡村・前掲注(62)52頁参照。
64) *Cottage Savings Association*, 499 U.S. at 566.

られた[65]。

翻って，I.R.C.§1259は，納税者と財産との関係の決定的な変化，すなわちその財産に対する納税者のリスクが変化しえなくなりうることを契機として課税を行うという，新たな着眼点をもつ。私法上は財産の保有が続いている，すなわち私法上は納税者と財産との関係に変化がない状態で，財産の含み益に相当する金額について課税を行う[66]ものであるから，財産と納税者との私法上の関係は課税関係の考慮要素とはされていないことがわかる。また，法的な譲渡を課税の契機とするのではなく，納税者のポジションが決定的に変化して利得を得られる状態になったことを課税の契機とするのみであるから，利得と損失の取扱いを対称にする必然性はないし，事実として，利得が生じるか損失が生じるかで取引の課税上の取扱いが異なる[67]。

---

[65] もちろん，これらはリスクすなわち納税者のおかれる状況という観点から諸判例を見直した場合にいえるにすぎず，判決の直接の理由付けとなったわけではない。

[66] Mark-to-market が行われるポジションは，I.R.C.§1259の目的における「値上がりした金融ポジション」から除外されている。I.R.C.§1259 (b) (2) (C). なお，mark-to-market とは，関連する期間の期首および期末に資産の価値を確認して，その差を所得または損失として取り扱う方法である。See Potter, *supra* note 58, at 880. Potter は資産のみならず負債も mark-to-market に基づいて課税されうることを示唆する *Id.*

[67] I.R.C.§1259 (a) (1). 含み損について前掲注 (24) 参照。本書第一部では，I.R.C.§1091で規律される wash sale は損失が生じる場合のみだが，wash sale は形式上は売却と（同種財産への）再投資であることを足がかりとして，利得が生じる場合について，取引の前後で納税者の経済的な状況が変化しないことを課税上どのように考慮するかを検討した。なお，Weisbach の示した line drawing の考え方からは，I.R.C.§1259の課税方法は，取引の性質の観点から，一方の端を保有（課税しない），もう一方の端を売買（課税する）とする幅の間に様々な取引が連続的に存在すると考えて，どこに保有と売買の境界線を引くかという問題に再構成できる。See David A. Weisbach, *Line Drawing, Doctrine, and Efficiency in the Tax Law*, 84 CORNELL L. REV. 1627, 1636 (1999). Weisbach は，比較的固定された端点と端点の間に諸取引の連続的な領域が広がっている場合は，その領域のどこに線が引かれようとも線の両側の取引はかなり類似しており，納税者はその線引きからアドバンテージを得るために行動するので，税法における線引きは可能な限り効率的であるように行われるべきことを論じる。なお，Weisbach は，I.R.C.§1259は以前の法よりもかなり複雑で，しかも納税者は好ましくない課税上の取扱いを以前と同程度に簡単に回避できるだろうことから，I.R.C.§1259の立法によって実現の要請の明快な定義に近づいたかは疑わしいと述べる。*Id.* そうすると，売買とボックス空売りは経済的実質がかなり一致していることを理由として制定された I.R.C.§1259は，不可避的に，保有と売買の間の線引きを動かして，ボックス空売りを利益が出る場合は売買に含めると定めたものにすぎないことになる。*Id.* at 1671

Ⅲ I.R.C.§1259と判例法

1 VPFC

　I.R.C.§1259には，ポジションがどの程度変化することが必要かを明確に定めきれなかったために，引いた線がぼんやりしているという課題がある。例えば，みなし売買となる先渡契約は，引き渡される財産の量と対価が「実質的に定まった（substantially fixed）」ものでなければならない[68]と定められているが，以下で述べるように，「実質的に」の意味内容は解釈に委ねられている。そこで，I.R.C.§1259による線引きの曖昧さが問題となった裁判例を取り上げて，その判断の過程を敷衍することにより，I.R.C.§1259と判例法がそれぞれ課税の契機とする要素を紹介し，I.R.C.§1259の独自の意義を述べる。

　I.R.C.§1259による線引きの曖昧さが問題になった取引の例として，Variable Prepaid Forward Contract（以下では VPFC と表記する[69]）がある。VPFC とは，値上がりした株式を大量に保有する納税者が，その株式またはそれと同等の現金を将来のある日に先渡契約における買い手へ引き渡すことを約束し，その引換えに，先渡契約に係る株式の現在の価額の大部分を即時に受け取る契約のことで，先渡契約の決済日に引き渡される株式の数は決済日の株価に基づいて変動すると契約で定めるのが典型である[70]。売り手にとってのこの取引の魅力は，契約に係る株式の現在の価値の大部分を先渡契約の開始時に受け取ることにより，その株式の経済的な価値変動からうける影響をかなり減少させることが可能である一方で，株式の売買から生じる利得の認識は先渡契約の決済日まで生じないと考えられる点にある[71]。

　　（footnote 157）。それゆえ，I.R.C.§1259は新たな線引きを行ったにすぎず，類似の取引に課税上異なる取扱いがなされるという根本的な問題は，I.R.C.§1259の制定後も依然として存在する。Id. at 1636.
68)　I.R.C.§1259 (c)(1)(C).
69)　Anschutz 事件において，租税裁判所判決では "Prepaid Variable Forward Contracts（PVFCs）" と表記されたが（Anschutz Co., 135 T.C. at 81)，連邦巡回区控訴裁判所判決では "variable prepaid forward contracts（VPFCs）" と表記された（Anschutz Co., 664 F.3d at 315)。本書では VPFC と表記する。
70)　See Alex Raskolnikov, Contextual Analysis of Tax Ownership, 85 B. U. L. Rev. 431, 442 (2005).

I.R.C.§1259は，先渡契約（forward contract）もみなし売買となりうることを定める[72]。ただし，I.R.C.§1259の目的では，先渡契約は，実質的に定まった（substantially fixed）量の財産（現金を含む）を，実質的に定まった価額で引き渡す契約と定義されている[73]ため，先渡契約で引き渡される財産の量または価額が実質的に定まっているといえなければ，みなし売買は生じない。すでに述べたように，VPFCで引き渡される株式の数は，決済日の株価次第で変動する。このような，引き渡す財産の量が約定時には定かではない先渡契約が，I.R.C.§1259の目的でみなし売買となる先渡契約かどうかが問題となった例として，*Anschutz*事件[74]がある。

2 *Anschutz*事件の概要

*Anschutz*事件で行われた取引の基本構造は，株式購入基本契約（以下では基本契約という）が定めるVPFCおよびそれに係る株式の担保契約である。VPFCは，the Anschutz Corp.（以下ではTACという[75]）と，Donaldson, Lufkin & Jenrette Securities Corp.（以下ではDLJという）によって行われ，約10年後の決済日にTACがDLJに対してその時の価値に応じた数の株式を引き渡す約束と引換えに，DLJがVPFCに係る株式の公正市場価値の75％に等しい額をTACへ前払いすることを定めていた。VPFCの期間中に

---

71) *Id.* at 443.
72) I.R.C.§1259 (c) (1) (C).
73) I.R.C.§1259 (d) (1).
74) *Anschutz Co.* v. *Commissioner*, 135 T.C. 78 (2010), *aff'd*, 664 F.3d 313 (10th Cir. 2011).
75) TACは，I.R.C.§1362に基づくS corporationである*Anschutz Co.*の，適格なsubchapter S subsidiary（I.R.C.§1361 (b) (3) (B) (ii)）である。*Anschutz Co.*はS corporationすなわちflow-through entityであるため，TACに生じた不足税額は*Anschutz Co.*が支払うこととなり，さらに*Anschutz Co.*の一人株主であるPhilip F. Anschutzの2000年および2001年の所得税に不足税額が生じることとなった。*Anschutz Co.*, 135 T.C. at 79-80. 以下では，*Anschutz Co.*およびAnschutz夫妻を，本件の原告としてまとめて，納税者という。なお，Dalezman and Lenertz, *infra* note 136, at 88-89は，*Anschutz*事件に特殊な事情として，納税者はS corporationになることを選択したばかりで，選択後10年以内に法人の資産に係る含み益を実現すればI.R.C.§1374 (a) に基づき納税者は法人税を支払わねばならなかったという点が，本件の取引を行う動機にとって重要であったと指摘する。

株式の公正市場価値が上がる場合は，値上がりの最初50％をTACが保有することができ，50％をこえる値上がりはすべてDLJへ帰属することになっていた。

　担保契約で定められていたのは，TACがVPFCに係る株式をWilmington Trust Co.（以下ではWTCという）の担保勘定へ預け入れること，そして，WTCとDLJが，WTCからDLJへの株式の貸付けを可能にする貸株契約を締結することである。WTCは，TACが担保に供した株式の権限を保有し，また，貸株契約の締結にあたりTACの代理人として行為した。貸株契約[76]に基づき，TACは，DLJへ貸し付けられる株式の公正市場価値の5％に等しい額を，DLJから貸株料として前払いで受け取った。

　取引の手順は，以下のとおりである。まず，TACからDLJへの要望によってVPFCが開始された。これをうけて，DLJは当該VPFCに係る株式を第三者から借りて公開市場で空売りを行い，TACが受け取る前払金の金額を決定した。この空売り[77]でDLJが受け取った価額の平均が，決済日にTACが受け取りうる価値の最小であり，また，この空売りから生じる収益が，TACへ支払う前払金の原資となった。このように，VPFCと空売りは，DLJが株式購入で損失を被るリスクを減少または除去するために併用された[78]。DLJは，貸株契約を通じて，TACが担保に供した株式をWTCから得て，これを用いて空売りを終了した[79]。

---

[76]　貸株契約では，担保に供した株式をTACが回収できると定められていた。回収があると，DLJは株式をWTCにおけるTACの担保勘定へ戻し，TACは回収した株式数に対応する貸株料をDLJへ返す。*Anschutz Co.*, 135 T.C. at 88. TACは株式を2度回収した。最初は所得税申告書の検査中の2006年に，貸株契約の有効性を課税庁に示そうとして行われた。2度目は本件訴訟の審理直前に，同じ目的で行われた。*Anschutz Co.*, 664 F.3d at 322.

[77]　DLJが行った複数回の空売り（*Anschutz Co.*, 135 T.C. at 89）で受け取った価額の平均が，決済日にTACが受け取れる価額の最小とされたことで，VPFCの決済時にTACが受け取れる一株あたりの価値が確定され（lock-in），かつ，担保に供された株式の市場価値がこの最小の価額より下落する場合にTACが被る損失のリスクがすべて除去された。*Anschutz Co.*, 664 F.3d at 318-319.

[78]　*Anschutz Co.*, 664 F.3d at 319. VPFCに係る株式の公正市場価値が契約期間中に下がる場合は空売りに，上がる場合はVPFCに利益が生じる。*Id.* at 318-319.

[79]　*Anschutz Co.*, 135 T.C. at 106.

VPFCの決済時にTACがDLJへ引き渡す株式数は，決済日の調整後決済価格[80]と，TACが受け取りうる価額の最大および最小とを比較して算出された[81]。TACが受け取りうる価額の最大はVPFCに係る株式の公正市場価値が50％値上がりしたもの，すなわちDLJによる空売りで得られた収益の平均値の1.5倍であり，最小は，空売りによる収益に等しかった。TACが受け取りうる価額の最大を調整後決済価格がこえる場合は，TACが値上がりの最初の50％，DLJがそれをこえる値上がりを保持できるように，引き渡す株式数が算出された。TACが受け取りうる価額の最大と最小の間に調整後決済価格がある場合は，株式の値上がりに応じて，TACが引き渡す株式数が減じられた。調整後決済価格が，TACが受け取りうる価額の最小以下である場合は，VPFCに係る株式と同数の株式をDLJへ引き渡すこととされた[82]。VPFCの決済に用いられる株式は，TACがWTCへ担保として差し入れた株式でも，その株式と同一の株式（identical shares of the stock）[83]でもよく，現金による決済も認められた[84]。

　納税者は，基本契約のうちVPFCの部分は未完了であると取り扱い，この株式取引から生じる利得も損失も連邦所得税申告書において申告しなかった。課税庁は，TACが行った取引は株式の完了した売買であること，TAC

---

80) 調整後決済価格は，ニューヨーク証券取引所における株式の取引価値に，当該株式について期日またはその付近になされるあらゆる分配を考慮するための分配調整率を乗じたものである。*Anschutz Co.*, 664 F.3d at 322.

81) VPFCの決済時にTACが引き渡すべき株式数は，調整後決済価格とTACが引き渡す株式の最大数および最小数とを比較して平均決済率を算出し，これに各取引で基礎となる株式数を乗じることによって得られた。*Id.* at 322-323.

82) 取引に係る株式の価値がどれだけ下落しようとも，TACはDLJから前払いで受け取った現金のいかなる部分も返す必要がなかった。*Id.*

83) 「同一」の意味について，「この文脈における"identical"とは，はじめに担保として差し入れられたまさにその株式のことではなく，はじめに差し入れられたものと同じ会社かつ同じ種類の株式のことである。これによって，売り手は，もともと有していた株式の保有を続けて，その代わりに，契約の決済日またはその近辺に公開市場で追加的に株式を取得して，それを引き渡すことができる」と述べられている。*Anschutz Co.*, 135 T.C. at 81 (footnote 4).

84) ただし，本件で行われた3回の取引のうち2回では現金決済が禁じられていたため，実際に現金決済が可能であったのは最後の1回のみである。*Anschutz Co.*, 664 F.3d at 323.

はその株式の公正市場価値の100％を受け取ったことを主張し，その株式に係る納税者の取得価額を受け取った価値がこえる程度において納税義務があると決定した[85]。

課税庁の主張の根拠には，I.R.C.§1001とI.R.C.§1259の２つの軸がある。課税庁は，第一に，TACは法的権利ならびに所有の恩恵および負担を移転したこと，また，貸株契約は真正な貸付けの合意ではなくTACが株式をDLJへ移転する手段であったことを理由として，I.R.C.§1001に基づく売買が生じたと主張した。第二に，予備的主張（alternative）として，DLJはTACの代理人としてTACに代わって空売りを行ったとして，TACがI.R.C.§1259（c）（1）（A）に基づくみなし売買を引き起こしたと主張し，さらに，その予備的主張として，基本契約は，問題となる株式におけるTACの値上がりした金融ポジションと同じまたは実質的に同一の財産を引き渡すための先渡契約であるとして，VPFCはI.R.C.§1259（c）（1）（C）が定めるみなし売買にあたると主張した。

租税裁判所は，課税庁の主張に基づき，I.R.C.§1001に基づく株式売買があったかどうか，および，I.R.C.§1259に基づくみなし売買があったかどうかの２つの観点から判断を行った。納税者と課税庁の見解の主な対立点は，①VPFCと貸株契約は別個の取引か，②TACは法的権利ならびに所有の恩恵および負担を移転したか，③納税者はI.R.C.§1058を適用できるか，④納税者はRev.Rul.2003-7[86]に依拠できるか，の４点である。

---

[85] 不足税額は，TACがWTCへ担保として預け入れ，後にDLJが借りた株式を参照して決定された。TACが担保として預けたがDLJが借りなかった株式は含まれていなかった。Id.

[86] Rev. Rul. 2003-7, 2003-1 C.B. 363 (2003). 投資銀行を相手とするVPFCで，納税者は契約実行時に現金を前払いで受け取り，決済日に引き渡す可能性がある株式の最大数（決済日の株式の公正市場価値に応じて決定され，最大で100株，最小で80株であった）を担保として第三者へ預け入れた。納税者は預け入れた株式の議決権と配当受取権を保有していた。決済日に引き渡す株式は担保に供したものである必要はなく，現金も認められたが，納税者は担保に供した株式を引き渡すことを契約開始時に意図していた。課税庁は，本件VPFCで決済日に引き渡される株式数には20％の幅があることを指摘し，これは重大な幅であるためI.R.C.§1259（d）（1）をみたさず，したがってI.R.C.§1259（c）（1）（C）をみたさないことから，みなし売買は生じなかったと結論づけた。I.

まず，I.R.C.§1001に基づく株式売買の有無について，租税裁判所は，貸株契約に基づいて貸し付けられた，VPFCに係る株式は，連邦所得税の目的では売却されたと判断し，TACは，対価と引換えにDLJへ株式の所有の恩恵および負担を移転したと述べて，受け取った前払金に等しい額の利得[87]を取引の実行時に認識しなければならないと判示した。

租税裁判所は，VPFCと貸株契約は明らかに関連する統合された取引であり，一方は他方なしには起こりえなかったと認定した（①についての判断）。さらに，損失を被るリスクのすべておよび利得を得る機会の大部分がTACからDLJへ移転されたことに主に依拠して，所有の恩恵および負担が移転されたと判断した[88]。損失を被るリスクのすべておよび利得を得る機会の大部分の移転を認める根拠としては，TACは基本契約に基づいて株式の現金価値（cash value）の75％に等しい前払金を受け取り，たとえVPFCの期間中に株価が下落してもその受け取った前払金をDLJへ返す必要がなかったこと，貸株契約に基づいて貸し付けられた株式をDLJは自由に利用でき，実際に空売りの終了のために用いたこと，TACが株式を回収する権利は実質的にはなかったこと，を挙げた（②についての判断）。同様に，基本契約に基づくと，TACは受け取った前払金を返す必要がないことから，TACからDLJへ貸し付けられた株式に関してTACが損失を被るリスクが除去されることを述べ，これはI.R.C.§1058(b)(3)に抵触するため，納税者にI.R.C.§1058は適用されないと述べた（③についての判断）。

R.C.§1001における売買も生じなかったとした。
87) 課税庁は，貸株契約に基づいて貸し付けられた株式の公正市場価値の100％の認識を主張したが，租税裁判所判決ではTACが受け取った現金，すなわち株式の公正市場価値の80％（VPFCに係る株式の公正市場価値の75％に等しい前払金と貸株契約に係る前払貸株料5％との和）を認識することが述べられた。*Anschutz Co.*, 135 T.C. at 108-109.
88) 租税裁判所は，基本契約の分析から，(1) 株式の法的権利，(2) 損失を被るリスクすべて，(3) 利得を得る機会の大部分，(4) 株式の議決権，(5) 株式の占有，の5点を含む所有の恩恵および負担をTACが移転したことは明らかだとしたが，両当事者とも法的権利，占有および議決権について議論していないと述べる。*Anschutz Co.*, 135 T.C. at 105-106. したがって，(2) および (3) が判断の中心となったと考えられる。

次に，I.R.C.§1259が定めるみなし売買に関して，租税裁判所は，TAC はみなし売買を引き起こさなかったと判示した。DLJ は TAC の代理人としてではなく自らの契約上の債務を履行するために空売りを行ったのであり，さらに，空売りによって損失を限定したのは TAC ではなく DLJ であるとして，I.R.C.§1259 (c)(1)(A) に基づくみなし売買は生じなかったと述べた[89]。また，本件の VPFC で引き渡される株式の幅は，本件に先立つルーリングである Rev.Rul.2003-7 において課税庁が重大である（すなわち，みなし売買は生じない）と認めた幅よりも大きい[90]ため，I.R.C.§1259 (d)(1) をみたさないとして，I.R.C.§1259 (c)(1)(C) に基づくみなし売買も生じなかったと判示した（④についての判断）。

以上のことから，租税裁判所は，納税者は基本契約に係る利得を受け取った現金の程度において認識しなければならないとし，I.R.C.§1259 (c)(1)(A) または (C) に基づくみなし売買は本件取引では生じなかったと結論づけた。

連邦巡回区控訴裁判所は，租税裁判所の判断を維持したが，租税裁判所とは異なる観点から検討を行い，I.R.C.§1259には言及しなかった。判断の要素とされたのは，⑤結果として，取引は担保に供された株式の売買となったか，⑥本件の株式取引は Rev.Rul.2003-7 における事実と同じといえるか，⑦納税者は I.R.C.§1058の適用をうけることができるか，の３点であった。

まず，I.R.C.§1001に基づく売買が生じたかは，歴史的な事実の問題として，所有の恩恵および負担の移転があったかどうかによるとして，先例で考慮された判断要素を列挙し，それにおおむね沿う計10の要素について本件の

---

89) I.R.C.§1259では，値上がりした財産を保有する者と空売りで損失を限定する者が同一であることが予定されている。*Anschutz Co.*, 135 T.C. at 111. なお，値上がりした財産を保有する納税者本人ではなく，その関係者（a related person）が I.R.C.§1259 (c)(1) に列挙される取引を行う場合も，みなし売買を行ったとされうる。I.R.C.§1259 (c)(1). 関係者は I.R.C.§1259 (c)(4) で定められているが，本件ではこの規定を根拠として TAC と DLJ を関係者と取り扱うことは難しいように思われる。

90) Rev.Rul.2003-7 で引き渡されうる株式数の幅は20であり，*Anschutz* 事件で TAC が最終的に引き渡す可能性のある株式数には33.3％の幅があった。*Anschutz Co.*, 135 T.C. at 113.

あてはめを行った。連邦巡回区控訴裁判所は，これら要素について検討した事実を考え合わせて，TAC が担保に供した実際の株式を DLJ が事実上入手して処分したのみならず，TAC はその株式の価値の大部分を手にすると同時にそれら株式の所有に付随する権限のほぼすべてを失ったとして，取引は TAC から DLJ への現在の株式売買であるとした租税裁判所の判決を是認した（⑤についての判断）。

次に，本件取引は Rev.Rul.2003-7 の取引と実質的に同一であり，したがって TAC の DLJ に対する現在の株式売買ではない，といえるかどうかが審理された。連邦巡回区控訴裁判所は，本件では VPFC のみならず基本契約と貸株契約をも含めた一連の関連する取引が行われた点で，VPFC のみが行われた Rev.Rul.2003-7 とは区別されると述べた。そのうえで，これら関連する取引の結果として，DLJ は TAC が預け入れた株式の占有および所有に付随する権限の大部分を取得したこと，TAC は現金の支払いを受け，さらに，預け入れた株式の価値について取引終了時に損失を被るリスクをすべて取り除いたことから，納税者が Rev.Rul.2003-7 に依拠することは誤りであると結論づけた（⑥についての判断）。

最後に，I.R.C.§1058に基づいて，納税者は現在の株式売買を行ったと取り扱われない，すなわち取引開始時に課税をうけないかどうかが判断された。連邦巡回区控訴裁判所は，取引がなければ TAC に受け取る権利があったであろう，担保として預け入れた株式に係るすべての利子，配当その他の分配に等しい額を TAC が受け取ることが当初は保証されていなかったこと[91]，本件取引は TAC が損失を被るリスクを実質的に取り除き，利得を得る機会を十分に減らしたことを挙げて，これらの事実は I.R.C.§1058（b）（2）および I.R.C.§1058（b）（3）をそれぞれみたさないことから，納税者に

---

91) 契約締結当初は配当等に関する定めはなかったが，2003年6月13日に行われた修正で share reduction program（TACに対して，(a) すべての現金配当または配当同等の支払いに等しい金額の現金を DLJ へ支払う，または (b) その現金配当または配当同等の支払いを，当該特定株式の持分の追加的な取得に用いて，それら追加的に取得した株式を担保契約に基づき担保として預け入れる，の選択肢を与える）が導入された。*Anschutz Co.*, 664 F.3d at 322.

I.R.C.§1058は適用されないと判示した（⑦についての判断）。これら検討の結果として，租税裁判所の判断が維持された。

 Anschutz 事件で行われた VPFC は，I.R.C.§1259に関して2つの問題を提起した。第一は，I.R.C.§1259が行った線引きに明確でない部分が存在することである。*Anschutz* 事件の VPFC では，引き渡す株式数に幅があることから，納税者が利得を得る機会が残っていた[92]ため，I.R.C.§1259は適用されなかった。また，*Anschutz* 事件で空売りによって損失を被るリスクを取り除いたのは，値上がりした株式の所有者である TAC ではなく，その買い手である DLJ であった。第二は，tax ownership と I.R.C.§1259が交錯する場面における I.R.C.§1259の意義である。*Anschutz* 事件で，取引を行った時に課税することが認められた根拠は，みなし売買すなわち I.R.C.§1259ではなく，tax ownership が移転したとの認定に基づく I.R.C.§1001であった。

3　損失を被るリスクと利得を得る機会

 まず，第一の問題を検討するために，I.R.C.§1259の制定時の資料[93]を検討しよう。I.R.C.§1259の制定の背景は，納税者が，財産の課税をうけるべき処分（disposition）を行うことなしに損失を被るリスク（および利得を得る機会）を実質的に軽減または除去できる金融取引の発達と普及であった[94]。通常は，納税者は，課税をうけるべき取引で財産を処分することなしには，財産について損失を被るリスク（および利得を得る機会）を完全に除去すること

---

[92]　I.R.C.§1259（d）（1）に含まれる "substantially fixed" の文言の意味が不明瞭であるために納税者に行動の余地が残されていることは，I.R.C.§1259の制定当初から指摘されていたことである。*See e.g.* Andrea S. Kramer and William R. Pomierski, *New Constructive Sale Rules Make It Tougher to Avoid Tax on Built-in Gain*, 25 EST. PLAN. 291, 295 (1998), *available at* Westlaw Online.

[93]　I.R.C.§1259の制定時における議論を示す資料としては，Bluebook（前掲注（10）参照），S.R.（前掲注（24）参照），General Explanations（前掲注（36）参照）のほか，H.R. REP. NO. 105-148, at 832 (1997) [hereinafter H.R.] および，H.R. CONF. REP. NO. 105-220, at 512 (1997) 等がある。

[94]　H.R., *supra* note 93, at 833; S.R., *supra* note 24, at 123. General Explanations では，金融市場における近年のイノベーションにより，実現することなく利得を閉じこめるための投資を作り出す納税者の能力が向上したことが述べられている。*See* General Explanations, *supra* note 36, at 73.

はできない[95]。しかし，このような金融取引の多くでは，ほとんどの課税をうけるべき処分と同様に，納税者は持分を手放す代わりに現金その他の資産を取得できる[96]。連邦財務省による説明は，これをより直截に，「納税者が，課税の目的で所得を実現することなく，値上がりした財産の所有に係る経済的なリスクおよび見返りを処分することができるのは，不適切である[97]」と述べる。

ボックス空売りは，このような金融取引の一例として制定時の議論で挙げられた[98]。通常，課税の目的では，利得または損失は，実現される時にその課税年度に含められる[99]。資本的資産（capital asset）に係る利得または損失は，その資産の売買，交換その他の処分の時に実現されるのが通常である[100]。ボックス空売りは，取引の形式すなわち空売りであることが所得税の目的では尊重されて，納税者が所有する実質的に同一の財産に係る利得は，空売りの時には認識されない[101]。売買で引き渡される有価証券を個別に特定することを認めるルールに従い，売買で引き渡される有価証券は借りた有価証券であると特定することで，納税者は取引が未完了であるとの取扱いをうけることができる[102]。したがって，2つの完全に相殺し合うポジションを保有することにより，納税者はその株式の価値の経済的変動から隔絶される[103]が，利得または損失の認識は借入れの終了まで繰り延べられる[104]。

このほか，財産に係る損失を被るリスク（および利得を得る機会）を移転するために用いられてきた取引として，想定元本取引および，納税者が保有するのと同じ株式を引き渡すための先物もしくは先渡契約が挙げられている[105]。I.R.C.§1259が制定されるまでは，納税者はこれらの取引を行っても

---

95) H.R., *supra* note 93, at 833; S.R., *supra* note 24, at 123.
96) *Id.*
97) *See* General Explanations, *supra* note 36, at 72.
98) H.R., *supra* note 93, at 833; S.R., *supra* note 24, at 123.
99) H.R., *supra* note 93, at 832; S.R., *supra* note 24, at 122.
100) *Id.*
101) *Id.*
102) *Id.*
103) H.R., *supra* note 93, at 833; S.R., *supra* note 24, at 123.
104) H.R., *supra* note 93, at 832; S.R., *supra* note 24, at 122.

利得を認識しなかった[106]。

このような課税上の取扱いを変更する目的で制定された I.R.C.§1259 は，株式，パートナーシップの持分または特定の債務証書におけるあらゆる値上がりしたポジションのみなし売買を行うやいなや，あたかもそのポジションがみなし売買の日の公正市場価値で売買，譲渡その他の保有を終了されるかのようにして利得を認識することを納税者に求める[107]。すなわち，みなし売買の要件がみたされると，納税者は，あたかもそのポジションが売買の日の公正市場価値で売却され即時に買い戻されるかのようにして，みなし売買における利得を認識する[108]。ただし，ポジションの含み損の認識は，I.R.C.§1259 からは導かれない[109]。連邦財務省による説明では，みなし売買とリスクの関係がより明確に表されて，「納税者 […] は，同じまたは実質的に同一の財産に関するひとつ以上のポジションに入る（enter into）ことにより，損失を被るリスクおよび利得を得る機会を実質的に除去する時に，ある値上がりしたポジションのみなし売買を行うと扱われるだろう[110]」と述べられている。また，I.R.C.§1259 の目的では，みなし売買が生じるには値上がりした金融ポジションに関して納税者が損失を被るリスクおよび利得を得る機会の両方の減少が必要であるため，損失を被るリスクまたは利得を得る機会のいずれか一方のみを減少させる取引は I.R.C.§1259 の射程に入らない[111]。

I.R.C.§1259 の制定以前から，米国ではリスクと課税に関する議論がさかんに行われていた。これは，現代的なヘッジやリスク管理の技術によって，所有に付随する権限（incident）のいくぶんかが移転または除去されることがしばしばある[112]ためである。また，デリバティブの目的の少なくとも一端

---

105) H.R., *supra* note 93, at 833; S.R., *supra* note 24, at 123.
106) *Id*.
107) H.R., *supra* note 93, at 834; S.R., *supra* note 24, at 123.
108) *Id*.
109) *Id*. 損失が I.R.C.§1259 によっては認識されないことを明らかにしたルーリングについて，前掲注（24）参照。
110) *See* General Explanations, *supra* note 36, at 73.
111) S.R., *supra* note 24, at 126.
112) *See* Peter L. Faber, Andrea S. Kramer, and William R. Pomierski, *The Ownership and Disposition of Property: New Rules for Old Problems*, 75 TAXES 768, 769 (1997).

は，より伝統的な金融商品（financial instrument）のリスク属性を変更し，それによって投資家が自らにとって好ましいリスクポジションへ到達することの手助けである[113]。デリバティブ取引は，非常に洗練されたリスク配分と，法的権利という形式からの乖離を可能にする道を示す[114]。

所有に付随する権限のいくぶんかが移転または譲渡される場合に，その財産は名目上の所有者にいまだ所有されているといえるのか，また，所有に付随する権限の全部でなく特定の部分を移転すると，技術的にはその納税者が財産の所有者であり続けていても利得または損失の認識がなされるか[115]が問題となる。財産の売買では，財産の価値における値上がりからこれ以上利益を得る機会すべて，および，値下がりからこれ以上損失を被るリスクすべてが除去される[116]。すなわち，財産を所有することの伝統的な経済的恩恵および負担が移転される[117]。保有する株式の価値における経済的変動から隔絶される[118]点で，売買とボックス空売りは類似する[119]。

財産の価値の変動から影響をうけなくなることが，課税の目的では実現の機会とはならないことは，内国歳入法典の発展における最初期に認められた立場であるとされる[120]。しかし，I.R.C.§1259ではリスクが実現の試金石と

---

113) *See* Daniel Shaviro, *Risk-Based Rules and the Taxation of Capital Income*, 50 TAX L. REV. 643, 668 (1995).
114) *Id.* at 691.
115) *See* Faber et al., *supra* note 112, at 769. *See also* Edward D. Kleinbard, *Risky and Riskless Positions in Securities*, 71 TAXES 783, 784 (1993) ; Shaviro, *supra* note 113, at 671-672.
116) *See* Faber et al., *supra* note 112, at 778.
117) *Id.*
118) H.R., *supra* note 93, at 833; S.R., *supra* note 24, at 123. なお，株式の価値が変動するリスクの他にも，普通の投資家は，株式の引渡しを要求されるリスク，損失を被るリスクおよび利得を得る機会を一時的にしか除去できないリスク等に直面しているとされる。*See* Ulcickas, *supra* note 7, at 1379.
119) Kleinbard は，ボックス空売りを「リスクのない株式所有の一形態と考えられうる」と述べる。*See* Kleinbard, *supra* note 115, at 788.
120) *Id.* at 789. 1919-1 C.B. 60（前掲注（16）参照）における空売りの課税上の取扱いを根拠とする。なお，Kleinbard は「[...] 少なくとも，利得または損失の実現の目的では，誰が今日有価証券を所有しているかについての唯一の試金石は，その有価証券を処分する法律上および事実上の自由である」と述べている。*See* Kleinbard, *supra* note 115, at 794. ただし，この Kleinbard の論文は I.R.C.§1259の制定前である1993年に発表

されること[121]，すなわち，損失を被るリスクおよび利得を得る機会を失ったことが課税の理由であることは，立法時の議論から明らかである。

さらに，I.R.C.§1259は損失を被るリスクと利得を得る機会がともに減少することを要求する[122]ため，リスクと機会のいずれかのみが減少する取引の取扱いが問題となる。この問題はI.R.C.§1259の制定時から認識されており，財務省規則で詳細を定めることが予定されていた[123]が，現在までにI.R.C.§1259に関する財務省規則は制定されていない。

*Anschutz*事件で行われたVPFCにI.R.C.§1259の適用がないと判断された根拠のひとつは，契約に基づいて決済日に引き渡される株式数に十分な幅が設定されていたことである。同じまたは実質的に同一の財産を引き渡す先渡契約は，I.R.C.§1259が定めるみなし売買となりうる[124]。I.R.C.§1259の目的では，先渡契約は，実質的に定まった量の財産（substantially fixed amount of property）を，実質的に定まった価額（substantially fixed price）で引き渡す契約である[125]。さらに，I.R.C.§1259の立法資料では，引き渡す財産の量に重大な幅（significant variation）がある先渡契約はみなし売買とならないことが明記されている[126]。引き渡す株式数が実質的に定まっていなければ，TACが利得を得る機会が実質的に減少するとはいえないため，*Anschutz*事件では，VPFCでTACがDLJへ引き渡す株式数が実質的に定まっていたといえるかが問題となった。租税裁判所は，Rev.Rul.2003-7[127]において課税庁が重大であると認めた幅と，本件取引で引き渡される株式数の幅との比較

されたものである。
121) *See* LAURIE L. MALMAN, LINDA F. SUGIN, LEWIS D. SOLOMON & JEROME M. HESCH, THE INDIVIDUAL TAX BASE CASES, PROBLEMS AND POLICIES IN FEDERAL TAXATION 393（2d ed. 2010）. 実現が依拠するにはリスクは捕らえどころがなさすぎると主張する。
122) H.R., *supra* note 93, at 836; S.R., *supra* note 24, at 126. なお，I.R.C.§1259では，損失を被るリスクと利得を得る機会が別々に考慮されることも意図されていない。この場合も財務省規則で定めることが予定されている。*Id.*
123) *Id.*
124) I.R.C.§1259（c）（1）（C）.
125) I.R.C.§1259（d）（1）.
126) H.R., *supra* note 93, at 836; S.R., *supra* note 24, at 125-126.
127) Rev. Rul. 2003-7, 2003-1 C.B. 363（2003）. 概要は前掲注（86）を参照。

によって，引き渡す財産の量に重大な幅があるといえるかどうかを検討し[128]，その結果として，本件取引の幅が Rev. Rul. 2003-7 における幅よりも大きいことから，本件取引の幅は重大であり，実質的に定まった量の財産を引き渡す先渡契約とはいえず，したがって，TAC は I.R.C.§1259（c）（1）（C）が定めるみなし売買を引き起こさなかったと判示した。

このように，損失を被るリスクと利得を得る機会の両方が実質的に取り除かれなければみなし売買とはならないため，例えば *Anschutz* 事件で行われたように，値上がりした財産の売り手以外の者が損失を被るリスクを取り除く，あるいは，引き渡す財産の幅を相当程度に大きく設定するなどして，I.R.C.§1259 が定める要件をわずかに外しさえすれば，納税者は，VPFC に関して，I.R.C.§1259 の適用を容易に回避することができる[129]。

I.R.C.§1259（c）（1）（C）が定める先渡契約で引き渡される財産の量および価額について，I.R.C.§1259（d）（1）が「実質的に定まった（substantially fixed）」という要件を付加しているのは，I.R.C.§1259 の立法の契機となったボックス空売りの性質，つまりボックス空売りを行えば利得の金額がほぼ予測可能になることと整合させるためであると考えられる。これと同様の効果をもたらす取引類型として，想定元本契約，先物契約および先渡契約も I.R.C.§1259（c）（1）で列挙することによって，租税回避防止の実効性の確保が企図された。ただし，これらの類型の取引を行っても，損失を被るリスクおよび利得を得る機会が取り除かれるとは必ずしもいえない[130]。そこで，I.R.C.§1259（d）がこれら取引類型の内容に限定を加えて，値上がりした金

---

128) *Anschutz Co.*, 135 T.C. at 113.
129) 事案全体の検討を通じて tax ownership の移転を判断してきた判例法とは，判断の枠組みが大きく異なる。Tax ownership の移転に関する裁判例を4類型に分け，それぞれにおいて考慮された要素を考察するものとして，Raskolnikov, *supra* note 70がある。
130) 例えば，*Anschutz* 事件のように引き渡す株式数が不定の場合は，取引を行った時点で取引結果が定まるとはいえない。同様に，財産と引換えに引き渡されるべき金額が定まっていないために，取引結果が定まらない場合も考えうる。コモディティの例ではあるが，Raskolnikov は，財産の引渡しの時には購入価額は決定されず，財産の売り手がその財産の引渡しの後一定の期間内の日におけるその財産の市場価格を売価として指定する権利を保有する契約（いわゆる"price-later" contract）について述べる。*See* Raskolnikov, *supra* note 70, at 450-451.

融ポジションに関して納税者が損失を被るリスクおよび利得を得る機会を実質的にすべて取り除く[131]効果を有するように定めることで，ボックス空売りと平仄を合わせた[132]。

しかし，I.R.C.§1259は，適用される取引の要件を厳密に定めているため，課税される対象がより明らかに示される反面，適用の回避は容易である[133]。その一方で，I.R.C.§1259では「実質的に定まった」，「実質的にすべて」といった不明確な文言が用いられており，その定義や説明もなされていない[134]ことから，適用される取引の明確化がなお不十分であるという指摘もできよう。これらの問題点を解決する方策として，財務省規則を定めてI.R.C.§1259を補完することも考えられる[135]が，その場合は適用回避可能性がさらに高まり，I.R.C.§1259の意義がよりいっそう薄れる懸念がある[136]。

---

131) H.R., *supra* note 93, at 836; S.R., *supra* note 24, at 126.
132) 先渡契約を定義する I.R.C.§1259（d）（1）のみならず，相殺的な想定元本契約を定義する I.R.C.§1259（d）（2）（A），（B）にも，「実質的にすべて（substantially all）」という，取引内容に限定を加えるための表現がみられる。
133) Thompson と Weisbach は，*Anschutz* 事件に関して，I.R.C.§1259は射程が不適切に狭く，納税者がこれほど容易に適用を回避できるべきではなかったと批判する。*See* Reid Thompson and David Weisbach, *Attributes of Ownership*, CHICAGO INSTITUTE FOR LAW AND ECONOMICS WORKING PAPER NO.621 (2d series) 1, 28 (2012), *available at* SSRN -id2177022.
134) *Anschutz* 事件で行われた取引が I.R.C.§1259（c）（1）（C）が定める先渡契約にあたるかの判断に際して，租税裁判所は，先渡契約を定義する I.R.C.§1259（d）（1）に含まれる "substantial" の定義が I.R.C.§1259, 財務省規則および立法史で与えられていないことを述べて，Rev.Rul.2003-7 に依拠した判断を行った。*Anschutz*, 135 T.C. at 111-113.
135) 例えば，全米法曹協会（American Bar Association）は，I.R.C.§1259に関して財務省規則で定めるべき内容の提言を行った。*See* American Bar Association Section of Taxation, *Recommendations for the Forthcoming Constructive Sales Regulations*, 92 TAX NOTES 1719 (2001).
136) I.R.C.§1259に関する財務省規則が定められていないことについて，Leon Dalezman and Philip Lenertz, *When the IRS Prefers Not to: Why Disparate Regulatory Approaches to Similar Derivative Transactions Hurts Tax Law*, HARVARD BUSINESS LAW REVIEW, volume 7, 81, 88（2017）は，I.R.C.§1259はそれほどありふれているわけではない状況を扱うにすぎないから，歳入に結果として与える影響（bottom line effect on revenue）は規則を制定する時間と労力を正当化しないと思われたのではないか，と考えることを指摘する。

4 Tax ownership との交錯

　Anschutz 事件で課税の根拠となったのは，I.R.C.§1259が定めるみなし売買ではなく，I.R.C.§1001に基づく課税の契機である，tax ownership の移転が認められたことであった。裁判所のみならず，課税庁も，VPFC の課税は tax ownership に基づいて判断することを明らかにしてきた[137]。すでに述べたとおり，I.R.C.§1259の制定時に問題とされたのは，損失を被るリスクおよび利得を得る機会の減少である。これらはともに，tax ownership が移転したかどうかを判断する際に検討される要素の一部でもあるが，I.R.C.§1259は tax ownership の判断に包摂されて独自の意義をもたないというわけではない。I.R.C.§1259には，譲渡の有無にかかわらず利得を認識すべき時を定めるという意義がある。

　利得を得る機会および損失を被るリスクを含む，資産の ownership の恩恵および負担の処分は，利得または損失の実現の機会である[138]。Ownership の意味は内国歳入法典や財務省規則で与えられておらず，課税庁や裁判所がそれぞれルーリングや裁判例で定義を行ってきたとされる[139]。通常は，問題となる財産に伴う恩恵および負担を有する納税者が所有者であるが，ownership の徴表（indicia）とされる要素は事実の状況により異なるとされる[140]。

　Anschutz 事件においても，租税裁判所，連邦巡回区控訴裁判所ともに tax ownership の移転を根拠として課税を認めたが，それぞれで考慮された ownership の要素は異なる。租税裁判所における審理で，課税庁は，取決めによって所有の付随的権利の実質的にすべてが移転するかどうかを決定するためには，移転を取り巻く事実および事情すべてを検討するとして，先

---

137) *See e.g.* Rev. Rul. 2003-7, 2003-1 C.B. 363 (2003). 概要は前掲注（86）参照。*See also* TAM 200604033, *available at* 2006 WL 208426. *Anschutz* 事件とほぼ同様の，VPFC に貸株契約が組み合わせられた事件において，納税者が担保に供した株式の ownership は，担保勘定から相手方へ貸し付けられる時に移転され，課税の目的では売買となると判断された。

138) *See* Deborah L. Paul, *Another Uneasy Compromise: The Treatment of Hedging in a Realization Income Tax*, 3 FLA. TAX REV. 1, 9 (1996).

139) *See* Noël B. Cunningham and Deborah H. Schenk, *Taxation Without Realization: A "Revolutionary" Approach to Ownership*, 47 TAX L. REV. 725, 725 (1992).

140) *Id.* at 725-726 (footnote 1).

例[141)]に基づいて，ある取引が株式所有に備わる性質（accoutrements）を移転するかを決めるにあたって評価される計12の要素を列挙した[142)]。さらに，課税庁は，VPFCと貸株契約を一体として所有の移転を判断すべきことを述べて，TACは基本契約を行った時に所有の恩恵および負担を移転したと主張した[143)]。これをうけて，租税裁判所は，TACがVPFCと貸株契約からなる統合された取引を行ったと認めて，その帰結として，（1）取引に係る株式の法的権限，（2）損失を被るリスクすべて，（3）利得を得る機会の大部分，（4）株式に係る議決権，（5）その株式の占有，を含む所有の恩恵および負担をTACが移転したことは明らかであると判示した[144)]。

連邦巡回区控訴裁判所は，売買が起こったかどうかは歴史的な事実の問題として所有の恩恵および負担の移転があったかどうかによるとした裁判例[145)]における判断要素および，とくに株式取引に関する裁判例[146)]で考慮された要素を挙げた[147)]。そのうえで，連邦巡回区控訴裁判所は，a）担保に供

---

141) Dunne v. Commissioner, 95 T.C.M.（CCH）1236（T.C. Memo. 2008-63, 2008）. 株式所有（stock ownership）の移転が生じたといえる時点はいつかが問題となり，12の要素に基づいて判断された。さらに，株式所有の恩恵および負担に通常含まれる，会社の事業上の成功と失敗を分かち合うこと，および配当を受け取ることが，その時点で失われたことが確認された。事案の概要について，本書49頁（第二部注（16））参照。

142) *Anschutz Co.,* 135 T.C. at 99. なお，課税庁は，これらの要素は包括的なものではないと述べている。*Id.*

143) *Id.* at 99-100. なお，課税庁は，TACが移転したとされる所有の恩恵および負担には，（1）担保として預け入れられた株式における株主としての議決権，（2）担保として預け入れられた株式の支配および処分権，（3）担保として預け入れられた株式におけるTACの経済的権利の実質的にすべて，が含まれると述べる。*Id.* at 100.

144) *Id.* at 105-107.

145) Grodt McKay Realty, Inc. v. Commissioner, 77 T.C. 1221（1981）. 当事者らが牛の売買と主張する取引について，控除等を得ることが目的であり，課税の目的で認識されるべき十分な実体を欠くと判断された。

146) H. J. Heinz Co. and Subsidiaries v. United States, 76 Fed. Cl. 570（2007）. 子会社が保有する親会社株式の償還が問題となった事件で，子会社が株式購入のために借入れを行ったこと，当該株式に係る配当を受け取っていたこと，当該株式について損失を被るリスクおよび利益を得る機会を有していたこと，受け取ったものを返す義務がなかったこと等を認めて，子会社は親会社株式のownershipの負担および恩恵を有していると判断された。（ただし，段階取引の法理の適用により子会社による株式のownershipは無視されるとされ，結論としては納税者の主張は認められなかった。）

147) *Anschutz Co.,* 664 F.3d at 324-325.

された株式の法的権利，b）両当事者がその取引をどう扱ったか，c）DLJ は担保に供された株式における equity interest を取得したか，d）両当事者が契約時に負う義務，e）担保に供された株式を占有する権利，f）損失を被るリスク，g）利得を得る機会，h）議決権，i）配当受取権，j）担保に供された株式を売るまたは自身のために担保に供する権利，の計10の要素について *Anschutz* 事件における事実をあてはめて検討を行い，「これら要素をすべて合わせて勘案するに[148]」，*Anschutz* 事件で行われた取引は TAC の DLJ に対する現在の株式売買であると取り扱われるべきことを判示した。

　Anschutz 事件の判決がなされるより前に，課税庁が VPFC の課税上の取扱いについて述べたルーリングとして，Rev. Rul. 2003-7[149] がある。Rev. Rul.2003-7 において，課税庁は I.R.C.§1001 と I.R.C.§1259 の両面から VPFC を検討して，結論として課税を行わないことを明らかにしていた。Tax ownership の移転の有無について，Rev.Rul.2003-7 では，事案に基づけば，担保に供された株式の配当受取権と議決権を納税者が有していたこと，株式の法的権限および現実の占有は取引の他方当事者ではなく無関係な第三者へ移転されたこと，決済日に現金または担保に供したものとは別の株式を引き渡すことにより，納税者は担保に供した株式を取り戻す無制限の権利を有していたこと，を理由として，契約を実行しても株式の売買その他の処分は起こらなかったと判断された[150]。

　Anschutz 事件と Rev.Rul.2003-7 との違いが貸株契約の有無であることは，*Anschutz* 事件において連邦巡回区控訴裁判所が明確に述べている[151]。

---

148) *Id.* at 329.
149) Rev. Rul. 2003-7, 2003-1 C.B. 363 (2003). 概要は前掲注（86）参照。
150) ただし，Rev.Rul.2003-7 では，現金や他の株式ではなく担保に供した株式を引き渡さねばならない事情がある場合には異なる結果となりうることが示唆されている。一例として，担保に供された普通株を決済日後に納税者が所有する権利に制限が付されること，および，現金または担保に供したもの以外の株式を引き渡す権利を行使するための十分な原資を納税者が有していないだろう見込みが，売買が生じたかを決める際に重視されるべき重要な事実として挙げられている。
151) *Anschutz Co.,* 664 F.3d at 330. *Anschutz* 事件で決め手となる事実は，VPFC に係る株式が，契約に関連して担保に供された株式と同じであり，かつ貸株契約に基づいて貸し付けられた株式と同じであることを指摘し，VPFC と貸株契約の分離によるさらな

Anschutz 事件では，貸株契約と基本契約が VPFC と事実上一体となって DLJ へ株式を移転したと判示された。これに対して，Rev.Rul.2003-7 では，納税者は担保に供した株式を取り戻す権利を有していたことから，契約実行時に売買は起こらなかったと判断された。つまり，VPFC 単体では tax ownership の移転は認められず，同じ株式に係る VPFC と貸株契約が組み合わせられることによってはじめて，取引全体で見ると tax ownership が移転したと考えられる。そうすると，結局のところ，VPFC の実行時に課税が行われない理由は，空売りの場合と同様に，決済日に引き渡す株式が契約の実行時には不確定であるため取引は未完了であるとする課税上の取扱いに求められよう[152]。結局，VPFC についても，ボックス空売りと同様の問題構造が生じているのである[153]。

I.R.C.§1259は，tax ownership の判断では対応できない事例で活きると考えられる。I.R.C.§1259は，同様の経済的効果を達成する異なる取引類型間における課税のタイミングのずれを解消するために定められたものであり，利得に課税するタイミングを明確化するのみであって，tax ownership の移転には関与しないからである[154]。むしろ，「みなし売買というレジームを作り

　るタックス・プランニングを示唆するものとして，Jeffrey L. Rubinger and Summer A. Lepree, *Tax Court Finds Variable Prepaid Forward Contract Gives Rise to Current Sale*, 114 J. TAX'N 36（2011）がある。

152)　General Explanations では実質的に同一の有価証券（securities）の取得価額を平均法に基づいて決定することが提案されていること，および，ボックス空売りを完了する目的で引き渡す有価証券の選択を認めず，取得価額は平均法によらなければならないとすることによって，short のポジションを手じまいするために（予め所有している株式（box）より高い価額で）有価証券を購入する利点が失われることを述べるものとして，See Ulcickas, *supra* note 7, at 1368（fn. 86）。

153)　Thompson と Weisbach は，*Anschutz* 事件での法の欠陥として，財産の取得価額をこえる借入れが可能であること，および，I.R.C.§1259の射程が限定的であることを示唆し，*Anschutz* 事件で行われた取引から生じる ownership interest がボックス空売りよりどれほど少ないかを知ることは困難なため，ownership に依拠した判断は的外れだろうと述べる。See Thompson and Weisbach, *supra* note 133, at 29.

154)　ボックス空売りを行っても tax ownership の移転は生じないことを間接的に述べるものとして，Rev. Rul. 2003-31, 2003-1 C.B. 643（2003）がある。Rev. Rul. 2003-31では，I.R.C.§1259の制定前に，ブローカーに開設した信用取引口座を通じて株式のボックス空売りを行った納税者が，I.R.C.§1259の経過措置（相殺し合う取引およびポジションであることを，一定の期日までに帳簿等で明らかに特定すれば，みなし売買とされな

出すことによって，連邦議会は，ボックス空売りの売り手は自身が保有する株式の ownership を保っているという基本的な結論を，一般的な租税原理に基づいて間接的に強化した[155]」とも考えられる。I.R.C.§1259を適用する場合は，その取引が I.R.C.§1259（c）（1）が定める要件をみたすかどうか，つまり納税者が行う取引が損失を被るリスクおよび利得を得る機会を失わせる性質を有するかを確認すれば足りるため，事案の個々の事実を詳細に検討することで tax ownership が移転したかどうかを判断する必要がない。つまり，I.R.C.§1259は，財産の ownership の移転と，その財産に係る利得を政策上認識すべきタイミングとを切り離して考えることで，一定の要件をみたす諸取引の実行時を利得の課税時期であると自動的にみなして，利得を課税上認識することを制定法で明確にした点に意義があった[156]。

しかし，すでに述べたように，I.R.C.§1259はみなし売買となる取引の要件を厳密に定めているため，取引の組み立て方次第で適用を容易に回避できるという問題を抱える[157]。この解決策として，例えば，ある取引に I.R.C.§1259が及ぶかの判断を裁判所に委ねることが考えられよう[158]。

い）の要件を適切にみたしたが，のちに信用取引口座の取引条件に変更があった場合は，その変更によって Treas. Reg.§1.1233-1（a）（4）の目的で空売りが終了となるか，そして，経過措置が適用されなくなるかが問題となった。課税庁は，信用取引口座における変更があった時に納税者は株式の保有を続けており，空売りは Treas. Reg.§1.1233-1（a）（4）の目的では終了されていなかったこと，したがって，移行措置の適用は続くことを認めた。

155) See Raskolnikov, *supra* note 70, at 441.
156) これに関して，Thompson and Weisbach, *supra* note 133は，租税属性（tax attributes）を各ポジションへ割り当てるデフォルト・ルールは ownership であるが，各々の租税属性に関連する政策的理由から割当の修正が必要な場合には，I.R.C.§1259等が機能すると論じるものである。
157) Shaviro は，「たとえば equity swap といった諸取引に応じて，課税上の実現の定義を拡張することは，多くあるドアのうちたった1枚を閉めることによって，あるいは，ある特定の方向に少なくとも10フィート進む人しか見ることができないカメラを部屋の外に付けて部屋から出て行く人を見張ることによって，人々をひとつの部屋に入れておこうとすることに似ている。」という比喩を用いて，金融資産に関して，課税上の実現や相殺的なポジションのある特定の取得について拡張的な定義を採用することから得られるものはおそらくほとんどないであろうと論じる。See Shaviro, *supra* note 113, at 684.
158) See Thompson and Weisbach, *supra* note 133, at 29. 他方で，Dalezman and Lenertz,

5 契約内容の変更と交換課税

Anschutz 事件では，VPFC について，契約の開始時に I.R.C.§1001または I.R.C.§1259に基づく課税が行われるかどうかが争われた。その約5年後に生じた *McKelvey* 事件[159]では，*Anschutz* 事件とほぼ同様の VPFC において，契約の期間中に VPFC の決済日を延期するよう契約を変更することが，I.R.C.§1001または I.R.C.§1259に基づく課税の契機となるかどうかが争われた（契約の開始時に課税がないことは，両当事者とも争いがなかった）。VPFC の延期に関する課税が問題となったのは租税裁判所では初めてで[160]，まだ評釈等の公表も十分に行われていない。しかし，決済日の変更の前後で納税者が異なる状態にある（と判断される）ことが課税の契機となるかどうかは，みなし売買の有無にとどまらず本書のテーマ全体に関わるため，ここでごく簡単に論じる[161]。すなわち，本書第一部および第二部との関係で，契約の内容がどれほど変われば同一性が失われ，納税者の状況に変化が生じるか，また，変化が生じるとして，それは課税の契機たりうるかが問題となる。

McKelvey 事件の納税者は故人で，求職者向けウェブサイトで有名な会社（以下では M 社という）の創業者であり CEO であった。2007年9月11日に，納税者は自身が所有する M 社株式1,765,188株について，Bank of America, N.A. と VPFC を行った。納税者は2007年9月14日に現金50,943,578.31ドルの前払いをうけ，その引換えに，2008年9月中における10の決済日に，最大1,765,188株またはそれと同等の現金を引き渡すことを約定した。各々の決済日に引き渡さねばならない実際の株式数（または同等の現金の金額）は，各決済日における M 社株の株式市場での終値により変動した。納税者は VPFC における自身の債務を保証するために，M 社株式1,765,188株を預託したが，Bank of America, N.A. の承認があれば，VPFC の期間中いつでも別の担保

---

supra note 136は，事前に（ex ante）明確な規則を制定すべきことを主張する。
159) Estate of Andrew J. McKelvey, Deceased, Bradford G. Peters, Executor, Petitioner v. C.I.R., 148 T.C. No. 13 (2017).
160) *Estate of Andrew J. McKelvey*, 148 T.C. No. 13, at 14.
161) ただし，*McKelvey* 事件では決済日の先延ばしが行われたのみで，利得または損失が実際に生じたわけではない。

で置換することができた。2008年7月24日に，納税者は追加の対価3,477,949.92ドルを支払ってVPFCの各決済日を2010年2月中の日へ延期した。それ以外のVPFCの諸条件は，すべてそのままとされた。納税者の死後，2009年5月8日前後に，遺言執行者はM社株式1,757,016株を引き渡して，VPFCを決済した。以下では，決済日を延期する前のVPFCを「当初VPFC」，延期した後のVPFCを「延期後VPFC」という[162]。

課税庁は，不足税額通知において，2008年にVPFCの決済日の延期を行った時に，納税者は200,886,619ドルのキャピタル・ゲインを実現したと決定した。その内訳は，（1）当初VPFCを延期後VPFCと交換したことから生じる短期キャピタル・ゲイン88,096,811.03ドル，（2）VPFCの下で預託されたM社株のみなし売買から生じる長期キャピタル・ゲイン112,789,808.03ドル，であった[163]。

納税者は，当初VPFCの決済日を延長することは，契約の決済日と引き渡す株式数を決定するために市場での終値を参照する日（averaging dates）を先送りにするにするのみで，納税者に何の課税結果も生じさせないこと，および，Rev. Rul. 2003-7[164]が定めるopen transactionの取扱いはM社株の引渡しによって契約が決済されるまで継続すべきことを主張した。

租税裁判所は，納税者によるVPFCの変更（amendment）がI.R.C.§1001および財務省規則1.1001-1条（a）に基づいて利得または損失を生じさせるためには，（1）当初VPFCが延期時に納税者にとって財産（property）でなければならないこと，および（2）その財産が，種類または程度において実質的に異なる他の財産と交換されねばならないこと，の2点がみたされる必要があるとして，各々について分析を加えた。（1）については，相手方から現金の支払いをうけた後は，VPFCに基づく納税者の唯一の権利は満

---

162) 納税者はMorgan Stanley社とも同様のVPFCおよび決済日の延期を行ったが，その詳細は割愛する。
163) 決済日等の延期がなされた時にM社株がI.R.C.§1259（b）（1）が定義する「値上がりした金融ポジション」であったことは，争いがない。*Estate of Andrew J. McKelvey*, 148 T.C. No. 13, at 35 (fn.18).
164) 前掲注（86）およびそれに係る本文参照。

足され，これ以上何かを受け取る継続的な権利は納税者にはなかったことから，決済日等を延期した時には納税者は株式またはその現金同等物を引き渡す義務しか有していなかったとして，義務は財産ではないからVPFCはI.R.C.§1001の下での財産ではなく，したがってI.R.C.§1001の適用はないと結論づけた。また，当初VPFCにopen transactionの取扱いが認められるのは決済時に引き渡される財産が不確定だからであり，決済日等を延期してもなお，不確定の数の株式（または同等の現金）を引き渡す納税者の義務は継続しているのだから，義務の消滅時に実現される利得または損失の金額と性質は不確実なままであるため，納税者はVPFCの延期後もopen transactionの取扱いが受けられると述べた。(2)については，当初VPFCに認められたopen transactionの取扱いは決済日等の延期後も続き，I.R.C.§1001の定める交換はなかったのだから，延期後VPFCはI.R.C.§1259の下で別個の包括的な金融取引（financial instruments）と考えるべきだとする課税庁の主張は失当である（no merit）とした。

　本件では，当初VPFCが財産に当たらないとしたため，交換の議論には入らなかったが，交換に関してごく簡単に次の2点を指摘しておきたい。第一に，もし先払いの対価が契約時の一括払いでなく分割払いとされていたならば，納税者にはまだ権利が残っているため当初VPFCは納税者にとって財産である，と考える余地があったかもしれない。VPFCは権利（対価の収受）と義務（株式の引渡し）が一つの契約で一体となったものであり，履行の順番が契約全体の性質の判断に影響を及ぼすことの是非が問われる。

　第二に，財産に当たるという要件をみたす場合は交換を考える必要がある。この際に，当初VPFCと延期後VPFCが実質的に異なる（materially different）かどうかの判断には，債務（debt instrument）に変更（modification）を加える場合に，どのような変更であれば重要な変更（significant modification）であり，その変更の前後で債務が実質的に異なる（すなわち交換として課税をうける）かどうかの基準を示した財務省規則1.1001-3条および1.1001-4条が参考になる。それは，変更の前後で債務が実質的に異なるのであれば，納税者と債務との関係も異なると考えられるからである。例え

ば，財務省規則1.1001-3条（d）Example12では，債券（bond）の当初の条件に，発行者は保有者の同意を得てその債券の満期を延期することができる旨の規定が含まれている場合は，これに基づく満期の延期は全て両当事者の合意が必要であるため，一方的なオプションの行使によっては生じず，したがって modification であると定められている[165]。

IV 第三部小括

　第三部は，ボックス空売り（すなわち納税者が自身の保有する株式と同一の株式を借りて売ることで譲渡と同視できる状態を生じさせる取引）について，I.R.C.§1259が採用した課税方法を考察し，その意義と課題を論じた。I.R.C.§1259の意義は，納税者のポジションの変化に着目して，ボックス空売りのような納税者が損失を被るリスクおよび利得を得る機会を失わせる性質を有する取引から生じる利得について，取引を行う時に課税することを制定法で明確化した点にある。I.R.C.§1259は，取引の性質および納税者が経済的におかれる実情に照らして課税が適切と考えられる時を示すことに焦点を当てたものであるため，実現主義の根本的な見直しを意図せず，また，tax ownership の移転にも関与しないという利点がある。しかし，I.R.C.§1259には，課税するにはどの程度のポジションの変化が必要かを解釈に委ねているという課題が存在する。

　保有する財産の（民事）法的な譲渡の有無を判断することなく含み益相当額に課税するという I.R.C.§1259の規定方法は，所得税法の基礎的な概念である譲渡に深く関わる。I.R.C.§1259は，「財産の売買その他の処分から生じ[166]」ない利得について，財産の売買その他の処分がある場合と同様の課

---

165) ただし，本財務省規則の規律対象は債務のみであることに留意する必要がある。
166) I.R.C.§1001 (a) は，「財産の売買その他の処分から生じる利得は，売買その他の処分から実現される金額が，利得を定める目的で I.R.C.§1011が定める調整取得価額をこえる部分（The gain from the sale or other disposition of property shall be the excess of the amount realized therefrom over the adjusted basis provided in section 1011 for determining gain [...]）」であると定める。

税を行うという方向性を示した点で，課税における実現に（私法的な）譲渡があることが必要かどうかを問いかける。

おわりに

　本書は，米国の租税法において，財産の移転はいかなる場合に財産の含み損益に課税する契機であると考えられるかを，wash sale，株式貸借，みなし売買の3種類の取引をもとに考察した。その結果として，これら取引では，取引が行われた時に財産の含み損益へ課税することが適切かどうかを考えるにあたり，納税者と財産との関係が変化したかどうかが問題とされることが明らかになった。

　第一部では，wash sale に関して，現金同等物を納税者が手に入れること，つまり財産の売却と再取得の間に現金を受け取ることが課税の契機と考えられていることを明らかにした。

　第二部では，株式貸借に関して，I.R.C.§1058が，株式〈貸借〉の前後で納税者が異なる状況になると考えられる場合，つまり貸付けを課税の契機とすべき場合を定めていることを明らかにした。また，レポ取引に関して，米国での議論をもとに，課税上の様々な構成の可能性を論じた。

　第三部では，I.R.C.§1001の文言（売買その他の処分）に明確にはあてはまらない取引であるボックス取引について，納税者が所有する財産の含み益に相当する金額について課税すると定めることで対処した規定であるI.R.C.§1259を紹介し，みなし売買では，納税者と財産との関係そのものを直接に変化させる取引は存在しないが，その財産と同一の財産に関する金融取引が，納税者と財産との関係を変化させうることを指摘した。

　本書の各部の小括で述べたことを総括すると，財産の移転における，その財産の含み損益への課税では，納税者と財産との関係の変化について，課税の契機となるのはどのようなことか[1]，また，その関係の変化を租税法外の

1）　本書第一部参照。

基準(契約形式など)をもとにして認定する(あるいは認定しない)ことは適切か[2]が,個々の移転について検討されるべきである。このような,納税者と財産との関係の変化を譲渡やdispositionというかどうか,あるいは,私法上の取引形式に当てはめるかどうかは問題ではないだろう[3]。どのような場合を,課税するのに適切というかどうかの問題であり,それは一義的に定まるものではないと考えられる[4]。

本書で行った議論は,納税者と財産との関係が一部のみ変化する場合の課税の考察への発展可能性をもつ[5]。本書は,納税者が所有する,ある財産について,そのすべてが移転される類型(wash saleおよび株式貸借)と,そのすべてが移転されない取引(ボックス空売り)を検討したため,課税の契機としての財産全体の移転の有無を検討したが,ある財産における権利の全部でなく一部のみを移転する[6]ことも可能である。このような場合にも,納税

---

2) 本書第二部および第三部参照。
3) 本書第二部Ⅳ2におけるレポ取引の議論を参照。日本では,法的形式に則った議論が行われるが,米国ではownershipの移転を判断すると考えられる。所有(あるいは譲渡,譲渡を包含するものとしての移転)の判断に,私法をはなれた概念(日本における税法上のownership)を観念することについて,本書64頁(第二部注(77))参照。
4) 「売買があるから,売却される財産の含み損益に課税する」と直ちにはされないことは,本書第二部で考察したwash saleに関するI.R.C.§1091からも明らかである。取引ごとに課税する(あるいはしない)ことが適切かどうかの検討が必要である,すなわち画一的な規律が適さないことは,課税における実現主義が元来パッチワーク的な性質であることに根ざすためと思われる。
5) 本書第三部で取り上げたボックス空売りでは,納税者が所有する株式について,納税者が利得を得る機会および損失を被るリスクが減少するが,その他の権利(議決権,配当受取権など)は納税者が引き続き有する。(ただし,同一の株式を借りて空売りを行うことで,納税者が所有する株式に係る利得を得る機会および損失を被るリスク「に相当するもの」が減少するのであって,納税者が所有する株式に係る利得を得る機会および損失を被るリスクが必ずしもなくなるわけではない,という方がより正確であると思われる。納税者が空売りを終了するために自身が所有していた株式を用いる必要はなく,株式を新たに市場で調達することも可能だからである。)
6) 本書第三部で取り上げたボックス空売りは,財産の所有者がその財産と同一の財産についてボックス空売りを行うことにより,自身が所有する財産に関して利得を得る機会および損失を被るリスクを失うのだから,財産における権利の一部を失ったと考えうる。ただし,ボックス空売りはその財産の所有とは直接関係がないのだから(あくまで同一の財産に係るものであるというだけ),財産所有者は権利の一部を失ったとはいえないとの反論も考えられるところである。さらに,ボックス空売りの過程で借りた株式を,納税者が所有する株式と別個のものと考えることが本当に可能かどうか(株式を区

者と財産の関係の変化が課税の契機たりうるかを検討するというアプローチは有用であろう。

別するかどうか）も，改めて問い直されることとなろう。振替株式の特定について，本書46頁（第二部注（9））参照。有価証券の取得価額について，本書55頁（第二部注（44））参照。

事項索引

【ア行】

洗替売買　8, 11
wash sale　7, 26, 38, 44, 65, 79 105
　益出し──　11, 15, 31, 37
　損出し──　11, 14, 26, 37

【カ行】

課税のタイミング　65, 73-74, 98
株式貸借　43, 52, 58, 64, 105
空売り　47, 67, 82, 89, 99
　狭義の──　48, 49
　広義の──　48, 49
　ボックス──　50, 65, 67, 70, 89, 93, 98, 103
管理支配基準　40
金銭の時間的価値　74
クロス取引　40
権利確定主義　40
交換　14, 26, 41, 53, 57, 60, 63, 76, 78, 102
個別法　56, 69

【サ行】

財務省規則案　57-58
先渡契約　72, 80, 84, 92
実現（主義）　7, 9, 27, 52, 59, 65, 75, 89, 91, 103
実質的に定まった　72, 81, 92
消費貸借　8, 43, 45
処分　2, 31, 44, 52-53, 59, 73, 88, 95, 103
ステップ・アップ　67
想定元本契約　72, 89, 93-94
損失を被るリスク　57, 70, 73, 85, 88, 99, 103

【タ行】

段階取引の法理　38, 96
デリバティブ　66, 90
投資の継続性　10, 14, 26, 38

【ハ行】

発生主義　74, 78
振替株式　46, 47
平均法　56, 69, 98
ポジション　26, 31, 68, 70-71, 73, 79, 90, 103
　値上がりした金融──　71-73, 84, 93
保有期間　12, 50, 52-54, 56, 57, 70

【マ行】

未完了の取引　68, 98
未実現の利得　77
みなし売買　70-74, 80, 84, 90, 92, 99

【ヤ行】

有価証券貸借　47, 52, 54, 62

【ラ行】

リスク　14, 26, 39, 70, 73, 90
利得を得る機会　56, 73, 85, 88, 99, 103
レポ取引　57, 59, 60

【A-Z】

disposition　2, 12, 52-53, 59-60, 88
long　17, 21, 68, 70
open transaction　68, 101-102　→　「未完了の取引」
ownership　48-51, 56, 61, 64, 95, 99, 106　→　「tax ownership」
short　68, 70
short sale　48, 67, 72
short sale against the box　→　「ボックス空売り」
Tax Cuts and Jobs Act　7, 26, 28, 30, 41
tax ownership　88, 93, 97-98
VPFC　80-88, 92, 95, 100
wash sale　→　「益出し wash sale」「損出し wash sale」

【主要米国判例一覧】

Anschutz v. Commissioner, 664 F.3d 313 (10th Cir. 2011) ……… *56, 81, 88, 92, 95, 97, 100*
Ben Grote v. C.I.R., 41 B.T.A. 247 (1940) ……… *20*
Bingham v. Commissioner, 27 B.T.A. 186 (1932) ……… *69, 74*
Helvering v. Bruun, 309 U.S. 461 (1940) ……… *76-78*
Calloway v. Commissioner, 691 F.3d 1315 (2012) ……… *53, 56*
Corliss v. Bowers, 281 U.S. 376 (1930) ……… *21*
Corn Products Refining Company v. C.I.R. 215 F.2d 513 (2 nd Cir.,1954) ……… *10, 22-25, 37*
Cottage Savings Association v. C.I.R., 499 U.S. 554 (1991) ……… *11, 60, 76-78*
Dunne v. Commissioner, T.C. Memo 2008-63 (2008) ……… *49, 96*
Eisner v. Macomber, 252 U.S. 189 (1920) ……… *75, 77-78*
Estate of McKelvey v. C.I.R., 148 T.C. No. 13 (2017) ……… *100-101*
Farmers & Ginners Cotton Oil Co. v. C.I.R., 41 B.T.A. 1083 (1940) ……… *20-21*
Grodt McKay Realty, Inc. v. Commissioner, 77 T.C. 1221 (1981) ……… *96*
Harriss v. C.I.R., 143 F.2d 279 (2 nd Cir.,1944) ……… *10, 19-22, 31, 36-37*
H. J. Heinz Co. and Subsidiaries v. United States, 76 Fed. Cl. 570 (2007) ……… *96*
Horne v. C.I.R., 5 T.C. 250 (1945) ……… *15, 38, 40*
Helvering v. Horst, 311 U.S. 112 (1940) ……… *76-78*
McWilliams C.I.R., 331 U.S. 694 (1947) ……… *16*
Provost v. United States, 269 U.S. 443, 450-451 (1926) ……… *46-53, 59, 68-69*
Samueli v. Commissioner, 658 F.3d 992 (9 th Cir. 2012) ……… *56*
Smith v. Commissioner, 78 T.C. 350 (1982) ……… *10*
T. J. Starker v. U.S., 602 F.2d 1341 (9 th Cir., 1979) ……… *40*
Trenton Cotton Oil Co. v. C.I.R., 147 F.2d 33 (1945) ……… *24*
Valley Waste Mills v. Page et al., 115 F.2d 466 (5 th Cir., 1940) ……… *10, 17, 19, 22, 31, 37*
Vauclain v. C.I.R., 16 B.T.A.1005 (1929) ……… *9*
Wilmington Trust Co. v. Commissioner, 316 U.S. 164 (1942) ……… *67*

著者紹介

住永佳奈（すみなが かな）
京都大学大学院法学研究科特定助教
京都大学法学研究科博士後期課程修了・京都大学博士（法学）

課税の契機としての財産移転

2019年3月30日　初版第1刷発行

著　者　住　永　佳　奈

発行者　阿　部　成　一

〒162-0041　東京都新宿区早稲田鶴巻町514番地
発　行　者　株式会社　成　文　堂
電話 03(3203)9201(代)　　Fax 03(3203)9206
http://www.seibundoh.co.jp

印刷　シナノ印刷　　　　　製本　弘伸製本
©2019 K. Suminaga　Printed in Japan **検印省略**
☆乱丁・落丁本はおとりかえいたします☆
ISBN978-4-7923-0642-7　C3032

定価(本体3200円＋税)